하루 10분으로 한자 급수와 어휘력의 기초를 세우는

뿌리깊은
초등국어
한자 7급2

2단계(7급2)
초등 1·2학년
대상

(사)한국어문회 주관 한국한자능력검정회 시행 기준

초판 5쇄 발행일 2023년 2월 6일 **발행처** ㈜마더텅 **발행인** 문숙영
책임편집 장윤미 **집필 및 교정** 장윤미, 김보라, 김소율, 손정선
베타테스트 김진서(서울 동광초), 안지호(서울 강덕초), 양상준(서울 금동초), 우진율(서울 고덕초),
이상혁(서울 금동초), 이연제(서울 강덕초), 이하준(서울 강덕초), 홍지효(서울 금동초)
디자인 김연실, 양은선 **일러스트** 이혜승 **인디자인편집** 고연화
제작 이주영 **주소** 서울시 금천구 가마산로 96, 708호 **등록번호** 제1-2423호(1999년 1월 8일)

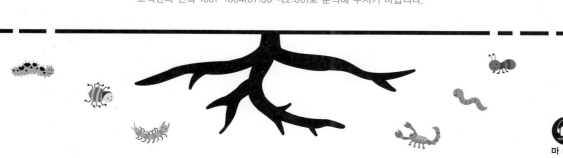

마더텅

주간학습계획표

〈뿌리깊은 초등국어 한자 7급2(2단계)〉는 공부할 내용을 주 단위로 묶었습니다.
'주간학습계획표'를 활용하여 한 주 동안 공부할 내용을 미리 살펴보고
스스로 계획을 세울 수 있습니다.

학습한자 확인

해당 한자의 뜻과 음을 확인하는 순서입니다.
한자의 어원을 초등학생 수준에서
이해할 수 있도록 쉽게 각색하여 설명하고,
그림으로 나타내었습니다.
한자 단어를 사용한 예문과,
한자를 쉽게 풀어 설명한 예문을 함께
수록하였습니다.
또한, 한자의 쓰임과 어울리는 간단한 영단어를
추가하여 학생들이 영어와 한자를 동시에
학습할 수 있도록 하였습니다.

교과 단어 더하기

해당 한자를 활용한 단어를 교과서에 나오는
어휘 중심으로 수록하였습니다.
초등학생이 자주 쓰는 단어들뿐만 아니라
초등학생이 꼭 알아야하는 단어들로
구성하였습니다. 교과서 표시를 보고 몇 학년이
이 어휘를 배우는지 확인할 수 있습니다.
또한, 간단한 문제를 통해
학생들이 교과 단어의 뜻을 한 번 더
확인하며 익힐 수 있습니다.

구성 4

한자 쓰기

한자를 쓰며 부수와 획순을 익히는 순서입니다.
모든 획순마다 방향이 표시되어 있고, 회색 따라쓰기로 처음부터 마지막까지 획순대로
따라 쓸 수 있게 되어있습니다. 3번은 해설지에 따로 답이 표시되어 있지 않고
모든 칸을 정확하게 다 채우면 정답입니다. 표의 구성대로 한자를 쓰다보면,
자연스럽게 한자를 획순대로 정확하게 익히고 바르게 쓸 수 있게 될 것입니다.

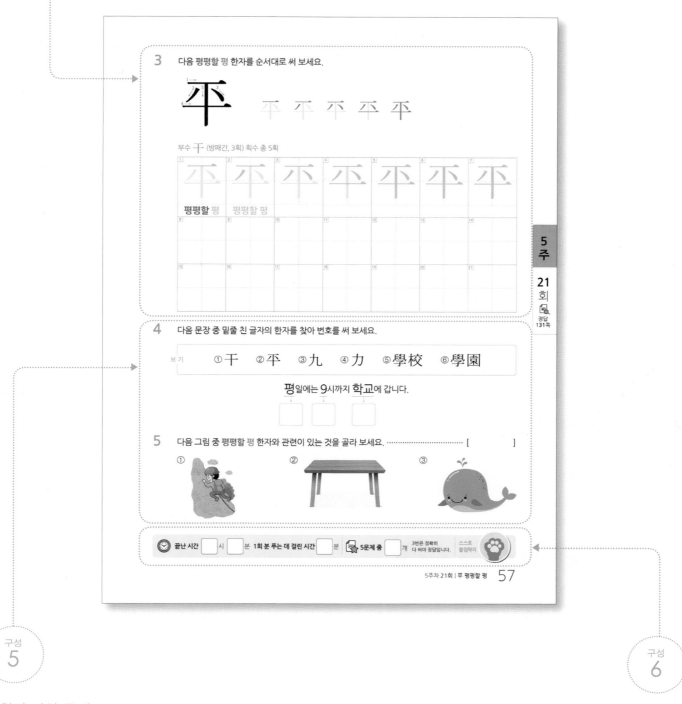

3 다음 평평할 평 한자를 순서대로 써 보세요.

부수 干 (방패간, 3획) 획수 총 5획

평평할 평   평평할 평

5주 21회 정답 131쪽

4 다음 문장 중 밑줄 친 글자의 한자를 찾아 번호를 써 보세요.

보기   ① 干   ② 平   ③ 九   ④ 力   ⑤ 學校   ⑥ 學園

평일에는 9시까지 학교에 갑니다.

5 다음 그림 중 평평할 평 한자와 관련이 있는 것을 골라 보세요. .... [   ]

①   ②   ③

⏱ 끝난 시간 [ ]시 [ ]분 1회분 푸는 데 걸린 시간 [ ]분 ⭐ 5문제 중 [ ]개 3번은 정확히 다 써야 정답입니다. 스스로 붙임딱지

5주차 21회 | 平 평평할 평   57

구성 5

어휘력 강화 문제

〈뿌리깊은 초등국어 한자 7급2(2단계)〉에는 한자를 익히고
활용하여 풀 수 있는 다양한 문제들이 들어있습니다.
그림, 한자어, 관용어 등을 통해 한자가 실제 언어생활에서
어떻게 사용되는지 살펴보고, 한자가 가지고 있는
여러 뜻을 파악할 수 있습니다.

구성 6

학습결과 점검표

한 회를 마칠 때마다 걸린 시간 및 맞힌 문제의 개수, 그리고
'평가 붙임딱지'를 붙일 수 있는 (자기주도평가)란이 있습니다.
모든 공부를 다 마친 후 스스로 그 결과를 기록함으로써
그날의 공부를 다시 한 번 되짚어볼 수 있으며,
성취해 나가는 기쁨을 느낄 수 있습니다.

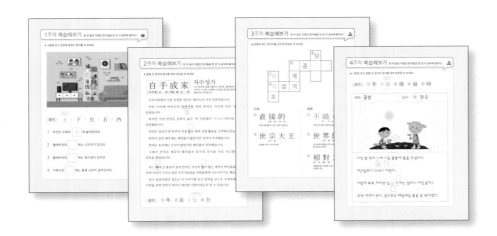

다양한 주간 복습 활동

〈뿌리깊은 초등국어 한자 7급2(2단계)〉에는
주마다 한자 복습에 도움이 될 만한
다양한 활동들이 실려 있습니다.

한자 나무 기르기

〈뿌리깊은 초등국어 한자 7급2(2단계)〉는 학생이 공부한 진도를 확인할 수 있도록 '한자 나무 기르기'를 부록으로 실었습니다.
회차를 마칠 때마다 알맞은 칸에 붙임딱지를 붙여서 한자 나무를 완성해 보세요.

한자 나무 기르기 붙임딱지 활용법

공부를 마치면 나무에 알맞은 붙임딱지를
'한자 나무 기르기'에 붙이세요.
나무를 완성해 가면서 끝까지 공부를 했다는
성취감을 느껴 보세요.
*한자 나무 기르기는 뒤표지 안쪽에 있습니다.

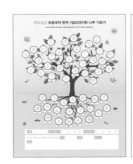
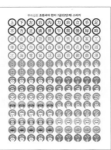

스스로 붙임딱지 활용법

공부를 마치면 아래 보기를 참고해 알맞은 붙임딱지를 '학습결과 점검표'에 붙이세요.
*붙임딱지는 마지막 장에 있습니다.

다 풀고 나서 스스로 대단하다는 생각이 들었을 때

- 정답 수 : 4개 이상
- 걸린 시간 : 10분 이하

열심히 풀었지만 어려운 문제가 있었을 때

- 정답 수 : 3개 이하
- 걸린 시간 : 15분 이상

오늘 배운 내용이 재미있었을 때

- 점수와 상관없이 학생이 재미있게 학습했다면

스스로 공부를 시작하고 끝까지 마쳤을 때

- 학생이 스스로 먼저 오늘 할 공부를 시작하고
  끝까지 했다면

2023 The 3rd Mothertongue Scholarship for TOP Elementary School Students

2023 마더텅 제3기 초등학교 성적 우수 장학생 모집

2023년 저희 교재로 열심히 공부해 주신 분들께 장학금을 드립니다!

🏆 지원 자격 및 장학금

대상	금상	은상
30만 원	10만 원	3만 원

초1 ~ 초6

지원 과목 국어 / 영어 / 한자 중 최소 1과목 이상 지원 가능
※여러 과목 지원 시 가산점이 부여됩니다.

제 출 서 류
아래 2가지 항목 중 최소 1개 이상 서류 제출
① 2022년 2학기 혹은 2023년 1학기 초등학교 생활통지표 등 학교에서 배부한 학업성취도를 확인할 수 있는 서류
② 2022년 7월~2023년 6월 시행 초등학생 대상 국어/영어/한자 해당 인증시험 성적표
책과함께 KBS한국어능력시험, J-ToKL, 전국영어학력경시대회, G-TELP Jr., TOEFL Jr., TOEIC Bridge, TOSEL, 한자능력검정시험(한국어문회, 대한검정회, 한자교육진흥회 주관)

📢 위 조건에 해당한다면
마더텅 초등교재로 공부하면서 느낀 점과 공부 방법, 학업 성취, 성적 변화 등에 관한 자신만의 수기를 작성해서 마더텅으로 보내 주세요. 우수한 글을 보내 주신 분들께 수기 공모 장학금을 드립니다!

응모대상 마더텅 초등 교재들로 공부한 초1 ~ 초6

뿌리깊은 초등국어 독해력, 뿌리깊은 초등국어 독해력 어휘편, 초등영문법 3800제, 초등영문법 777, 초등영어 받아쓰기·듣기 10회 모의고사, 초등교과서 영단어 2400, 비주얼파닉스 Visual Phonics, 중학영문법 3800제 스타터, 뿌리깊은 초등국어 한자 중 최소 1권 이상으로 신청 가능

응모방법
① 마더텅 홈페이지(www.toptutor.co.kr)의 [고객센터-이벤트] 게시판에 접속
② [2023 마더텅 초등학교 장학생 선발] 클릭 후 지원하는 분야의 [2023 마더텅 초등학교 장학생 지원서 양식]을 다운
③ [2023 마더텅 초등학교 장학생 지원서 양식] 작성 후 메일(mothert.marketing@gmail.com)로 발송

이벤트 게시판

선발일정 접수기한 2023년 7월 26일   수상자 발표일 2023년 8월 16일   장학금 수여일 2023년 9월 13일

※유의 사항 1. 마더텅 장학생 선발에 응모하며 제출한 자료(이름, 학교명, 성적 인증 자료, 후기 등)는 장학생 선발을 위해 사용되며, 마더텅 장학생에 선발될 경우 위의 자료가 출판사의 교재 개발 및 홍보에 사용될 수 있습니다. 마더텅 장학생으로 선발된 것을 승인하고 장학금을 수령한 경우 위의 사항에 동의한 것으로 간주합니다. 2. 위와 같이 개인 정보를 수집하고 이용하는 것에 대해 동의를 거부할 수 있으며, 동의를 거부할 경우 참여가 불가능합니다. 만 14세 미만은 부모님께서 신청해 주셔야 합니다. 3. 제출한 자료는 반환되지 않으며, 제출한 자료의 내용과 관련하여 확인이 필요한 경우 관련 자료의 우편 제출을 요구할 수 있습니다. 4. 장학금 지급 방법은 선발된 분께 개별적으로 통지합니다. 5. 마더텅 장학생 선발 후에도 소정의 활동(심층 소비자 조사, 교재 후기 작성 등)이 있을 예정입니다. 6. 제출한 자료의 내용이 사실과 다를 경우 장학생 선발은 취소될 수 있으며, 장학금을 수령한 경우 반환하여야 합니다. 7. 10만원 이상의 장학금(수기 공모 당선금) 수령 시 관계법령에 따라 제세공과금(22%)은 당첨자 본인 부담이며, 제세공과금 처리 및 장학금 발송을 위해 장학금 수기 공모 당선자의 개인정보를 요청할 수 있습니다. 8. 위 상금은 제세공과금을 제외하고 수상자에게 실제 지급되는 금액입니다.

1주차

 주간학습계획표

회차	학습내용		학습계획일
01회	上 윗 상		☐ 월 ☐ 일
02회	下 아래 하		☐ 월 ☐ 일
03회	左 왼쪽 좌		☐ 월 ☐ 일
04회	右 오른쪽 우		☐ 월 ☐ 일
05회	內 안 내		☐ 월 ☐ 일

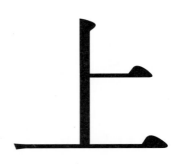   

위　　윗 상　　윗 상

뜻(훈)	윗
소리(음)	상
영어	up 위

[윗 상은 **물체가 기준선보다 위에 있는 모습**을 나타낸 한자입니다.]

상이라고 읽으며 위, 앞, 이전 등의 뜻이 있습니다.

예문 드디어 산 정상에 도착했다.
= 드디어 산꼭대기에 도착했다.

📖 **교과어휘**

① **세상**(世 上) 사람이 살고 있는 사회　국어 1-1(나)
　　　인간 세 윗 상
② **정상**(頂 上) 산꼭대기. 또는 어떤 것의 맨 위　국어 3-2(나)
　　　정수리 정 윗 상
③ **옥상**(屋 上) 지붕 위　국어 3-1(가)
　　　집 옥 윗 상
④ **이상**(以 上) 일정한 기준보다 더 많거나 높음　국어활동 1-2
　　　써 이 윗 상
⑤ **수상**(水 上) 물 위　겨울 2-2
　　　물 수 윗 상
⑥ **지상**(地 上) 땅 위
　　　땅 지 윗 상

---

1 다음 한자의 뜻(훈)과 소리(음)를 써 보세요.

上　　뜻(훈): ＿＿＿＿＿＿＿＿＿　　소리(음): ＿＿＿＿＿＿＿＿＿

2 다음 단어와 뜻을 알맞게 선으로 이어 보세요.

① 水上 ·
　물 수
② 屋上 ·
　집 옥
③ 地上 ·
　땅 지
④ 頂上 ·
　정수리 정

· 땅 위

· 지붕 위

· 산꼭대기

· 물 위

3 다음 **윗 상** 한자를 순서대로 써 보세요.

부수 ━ (한일, 1획) 획수 총 3획

1	2	3	4	5	6	7
上	上	上	上	上		
윗 상	윗 상					
8	9	10	11	12	13	14
15	16	17	18	19	20	21

4 다음 밑줄 친 글자의 한자를 찾아 번호를 써 보세요.

보기   ① 白   ② 百   ③ 上   ④ 土

흰색 방석이 의자 **위**에 놓여있다.

☐   ☐

5 다음 문장 중 빈칸에 들어갈 알맞은 단어를 골라 보세요. ┈┈┈┈┈┈┈┈┈┈┈┈┈┈┈ [   ]

> 어느 왕비에게는 무엇이든 알려주는 마법의 거울이 있었습니다. 왕비는 무척 기대하며 거울
> 에게 "거울아, 거울아 (   )에서 누가 제일 예쁘니?"하고 물어보았지만 거울은 "백설 공주
> 가 제일 예뻐요."라고 대답했습니다.

① 수상(水 上)   ② 세상(世 上)   ③ 이상(以 上)
　　　　　　　　　　　　　인간 세　　　　　　　　써 이

🕐 끝난 시간 ☐ 시 ☐ 분 **1회 분 푸는 데 걸린 시간** ☐ 분 ⭐ **5문제 중** ☐ 개 3번은 정확히 다 써야 정답입니다. 스스로 붙임딱지

下

 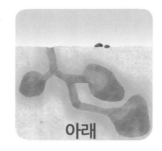  

뜻(훈)	아래
소리(음)	하
영어	down 아래

[아래 하는 **물체가 기준선보다 아래에 있는 모습**을 나타낸 한자입니다.]

하라고 읽으며 아래, 밑, 끝 등의 뜻이 있습니다.

예문 하교하는 길에 문구점에 갔어.
= 학교 끝나고 집에 오는 길에 문구점에 갔어.

📖 교과어휘

① **지하**(地 下) 땅 속 국어활동 1-1
　　땅 지 아래 하
② **천하**(天 下) 하늘 아래 온 세상 국어 5-1(나)
　　하늘 천 아래 하
③ **하교**(下 校) 수업을 마치고 학교에서 집으로 돌아옴
　　아래 하 학교 교
④ **이하**(以 下) 일정한 기준보다 적거나 낮음 국어 5-1(가)
　　써 이 아래 하
⑤ **하차**(下 車) 차에서 내림
　　아래 하 수레 차
⑥ **하수**(下 水) 빗물이나 집·공장 등에서 쓰고 버리는 더러운 물 사회 4-1
　　아래 하 물 수

---

1 다음 한자의 뜻(훈)과 소리(음)를 써 보세요.

下 　　뜻(훈): ＿＿＿＿＿＿＿ 　　소리(음): ＿＿＿＿＿＿＿

2 다음 단어와 뜻을 알맞게 선으로 이어 보세요.

① 天下 ·
　하늘 천
② 下校 ·
　학교 교
③ 下水 ·
　물 수
④ 以下 ·
　써 이

· 쓰고 버리는 더러운 물

· 기준보다 적거나 낮음

· 하늘 아래 온 세상

· 학교에서 집으로 돌아옴

3 다음 **아래 하** 한자를 순서대로 써 보세요.

부수 ━ (한 일, 1획) 획수 총 3획

1	2	3	4	5	6	7
아래 하	아래 하					
8	9	10	11	12	13	14
15	16	17	18	19	20	21

4 다음 문장 중 밑줄 친 단어의 한자를 찾아 보세요. ·· [　　　　]

지하철은 **지하**로 다니는 열차이다.

①地上　　　　②地下　　　　③地中

5 다음 문장 중 밑줄 친 부분이 뜻하는 단어를 골라 보세요. ·· [　　　　]

우리가 **차에서 내릴** 때에는 항상 조심해야 합니다. 우선 차가 다 멈춘 다음에 일어나야 하고, 주위에 지나다니는 차나 사람이 없는지 확인한 다음에 문을 열고 차에서 내려야 합니다.

① 하차(下車)　　　② 지하(地下)　　　③ 하수(下水)
　　수레 차　　　　　　　땅 지

끝난 시간 [　]시 [　]분 **1회 분 푸는 데 걸린 시간** [　]분 **5문제 중** [　]개 3번은 정확히 다 써야 정답입니다. 스스로 붙임딱지

左

왼쪽 / 왼쪽 좌 / 왼쪽 좌

뜻(훈)   왼쪽

소리(음)   좌

영어   **left 왼쪽**

[**왼쪽 좌**는 **왼손에 도구를 들고 있는 모습**을 나타낸 한자입니다.]

좌라고 읽으며 왼쪽, 왼손, 돕다 등의 뜻이 있습니다.

예문 차에서 내릴 땐 **좌**우를 잘 살펴야 해!
= 차에서 내릴 땐 **왼쪽**과 오른쪽을 잘 살펴야 해!

📖 교과어휘

① **좌우**(左 右) 왼쪽과 오른쪽   국어 1-2(가)
    왼쪽 좌 오른쪽 우

② **상하좌우**(上 下 左 右) 위와 아래, 왼쪽과 오른쪽
    윗 상 아래 하 왼쪽 좌 오른쪽 우

③ **좌측**(左 側) 왼쪽
    왼쪽 좌 곁 측

④ **좌향좌**(左 向 左) 바로 선 자세에서 왼쪽으로 돌아서라는 것
    왼쪽 좌 향할 향 왼쪽 좌

⑤ **좌회전**(左 回 轉) 왼쪽 방향으로 도는 것
    왼쪽 좌 돌아올 회 구를 전

⑥ **좌충우돌**(左 衝 右 突) 이리저리 마구 부딪침
    왼쪽 좌 찌를 충 오른쪽 우 갑자기 돌

---

1   다음 한자의 뜻(훈)과 소리(음)를 써 보세요.

左   뜻(훈): _____   소리(음): _____

2   다음 단어와 뜻을 알맞게 선으로 이어 보세요.

① 左向左   ·   · 왼쪽으로 돌아서라는 것
    향할 향

② 左側   ·   · 위, 아래, 왼쪽, 오른쪽
    곁 측

③ 上下左右 ·   · 이리저리 마구 부딪침
    윗 상 아래 하   오른쪽 우

④ 左衝右突 ·   · 왼쪽
    찌를 충 오른쪽 우 갑자기 돌

3 다음 **왼쪽 좌** 한자를 순서대로 써 보세요.

左 左 左 左 左

부수 工 (장인공, 3획) 획수 총 5획

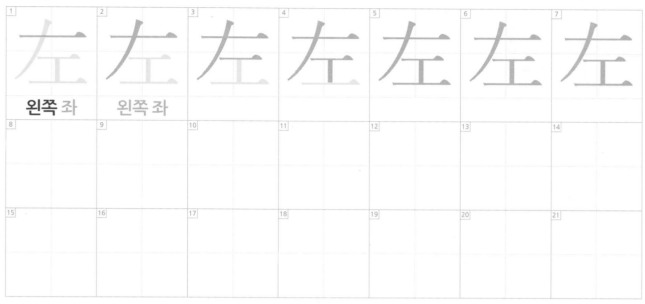

1 左 왼쪽 좌	2 左 왼쪽 좌	3 左	4 左	5 左	6 左	7 左
8	9	10	11	12	13	14
15	16	17	18	19	20	21

4 다음 밑줄 친 글자의 한자를 찾아 번호를 써 보세요.

보기   ① 左   ② 右   ③ 木   ④ 禾

우리 집 **왼쪽**에는 커다란 **나무**가 있다.

□ □

5 다음 문장 중 빈칸에 들어갈 알맞은 단어를 골라 보세요. ·············· [   ]

이것은 무엇일까요?
우리가 이걸 보면 (   )이/가 바뀌어 보입니다.
나는 오른손을 들고 있는데 이것 속의 나는 왼손을 들고 있습니다.
이것은 바로 거울입니다!

① 좌충우돌(**左衝右突**)
찌를 충 오른쪽 우 갑자기 돌

② 좌회전(**左回轉**)
돌아올 회 구를 전

③ 좌우(**左右**)
오른쪽 우

 끝난 시간 □ 시 □ 분 **1회 분 푸는 데 걸린 시간** □ 분   ★ **5문제 중** □ 개   3번은 정확히 다 써야 정답입니다.   스스로 붙임딱지

右

右 오른쪽

右 오른쪽 우

右 오른쪽 우

뜻(훈)　오른쪽
소리(음)　우
영어　right 오른쪽

[**오른쪽** 우는 **오른손의 모양**을 나타낸 한자입니다.]

우라고 읽으며 오른쪽, 오른손 등의 뜻이 있습니다.

예문 여기서 우측으로 가면 우리 집이야!
　　 = 여기서 오른쪽으로 가면 우리 집이야!

📖 교과어휘

① **좌우**(左 右) 왼쪽과 오른쪽 　국어 1-2(가)
　　왼쪽 좌 오른쪽 우
② **좌우명**(座 右 銘) 가르침으로 삼는 말이나 문구 　국어활동 3-2
　　자리 좌 오른쪽 우 새길 명
③ **우측**(右 側) 오른쪽 　국어활동 4-1
　　오른쪽 우 곁 측
④ **우회전**(右 回 轉) 오른쪽 방향으로 도는 것
　　오른쪽 우 돌아올 회 구를 전
⑤ **우왕좌왕**(右 往 左 往) 어찌할 바 모르고 이리저리 왔다 갔다 하는 모양을 나타내는 말
　　오른쪽 우 갈 왕 왼쪽 좌 갈 왕
⑥ **좌우대칭**(左 右 對 稱) 반으로 나누었을 때 왼쪽과 오른쪽이 서로 똑같은 모양을 이루는 것
　　왼쪽 좌 오른쪽 우 대할 대 저울 칭

---

1 다음 한자의 뜻(훈)과 소리(음)를 써 보세요.

右　　뜻(훈): _____　　소리(음): _____

2 다음 단어와 뜻을 알맞게 선으로 이어 보세요.

① 左右　　　　　　　　　・　　　　　・ 왼쪽과 오른쪽이 같은 모양인 것
　　왼쪽 좌

② 左右對稱　　　　　・　　　　　・ 어쩔 줄 몰라 왔다 갔다 하는 모양
　　왼쪽 좌　대할 대 저울 칭

③ 右回轉　　　　　　　・　　　　　・ 왼쪽과 오른쪽
　　돌아올 회 구를 전

④ 右往左往　　　　　・　　　　　・ 오른쪽 방향으로 도는 것
　　갈 왕 왼쪽 좌 갈 왕

3 다음 **오른쪽 우** 한자를 순서대로 써 보세요.

부수 口 (입구, 3획) 획수 총 5획

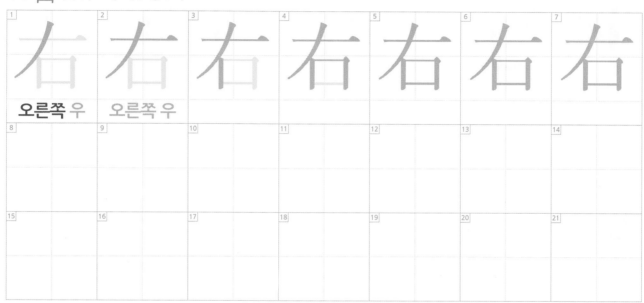

¹ 右 오른쪽 우	² 右 오른쪽 우	³ 右	⁴ 右	⁵ 右	⁶ 右	⁷ 右
⁸	⁹	¹⁰	¹¹	¹²	¹³	¹⁴
¹⁵	¹⁶	¹⁷	¹⁸	¹⁹	²⁰	²¹

4 다음 내용이 설명하는 한자를 찾아 보세요. ·· [　　　]

> 나는 오른손의 모양을 보고 만들어진 글자로, 오른쪽을 뜻해. 왼쪽을 뜻하는 글자랑 비슷하게 생겼으니 헷갈리지 않도록 조심해야 해.

① 右　　　　　② 左　　　　　③ 在

5 다음 문장 중 밑줄 친 부분이 뜻하는 단어를 골라 보세요. ···················· [　　　]

> 우리나라는 길에서 <u>오른쪽</u>으로 다니도록 정해져 있습니다. 그래서 차들도 사람도 모두 오른쪽으로 다닙니다. 하지만 영국처럼 왼쪽으로 다니는 나라도 있어서 다른 나라에 갔을 때는 그 나라의 방향을 주의해서 보아야 합니다.

① 우왕좌왕(右往左往)　　　② 좌우명(座右銘)　　　③ 우측(右側)
　　　　　　갈 왕　　　　　　　자리 좌　새길 명　　　　　　　곁 측

⏰ 끝난 시간 [　]시 [　]분 **1회 분 푸는 데 걸린 시간** [　]분　 **5문제 중** [　]개　3번은 정확히 다 써야 정답입니다.　스스로 붙임딱지

內

안

안 내

안 내

뜻(훈)　안
소리(음)　내
영어　inside 안

[안 내는 집에 있는 입구의 모습을 나타낸 한자입니다.]

내라고 읽으며 안, 속, 대궐 등의 뜻이 있습니다.

예문 실내에선 조용히 해야 해!
= 건물 안에선 조용히 해야 해!

📖 **교과어휘**

① **실내**(室 內) 집 또는 건물의 안 겨울1-2
　　집 실　안 내

② **안내**(案 內) 어떤 내용을 소개하여 알려줌. 또는 어떤 사람을 가고자 하는 곳에 데려다 줌 국어1-1(가)
　　책상 안　안 내

③ **시내**(市 內) 도시의 중심가 국어2-1(가)
　　저자 시　안 내

④ **교내**(校 內) 학교 안
　　학교 교　안 내

⑤ **기내**(機 內) 비행기 안 국어5-1(나)
　　틀 기　안 내

⑥ **내면**(內 面) 물건의 안쪽. 또는 사람의 마음 국어활동4-2
　　안 내　낯 면

---

1 다음 한자의 뜻(훈)과 소리(음)를 써 보세요.

內　　뜻(훈): ＿＿＿＿＿＿＿　　소리(음): ＿＿＿＿＿＿＿

2 다음 단어와 뜻을 알맞게 선으로 이어 보세요.

① 校內 ·
　학교 교

② 市內 ·
　저자 시

③ 內面 ·
　　 낯 면

④ 案內 ·
　책상 안

· 소개하여 알려줌

· 학교 안

· 사람의 마음

· 도시의 중심가

3 다음 **안** 내 한자를 순서대로 써 보세요.

內 內 內 內

부수 **入** (들입, 2획) 획수 총 4획

1	2	3	4	5	6	7
안 내	**안** 내					
8	9	10	11	12	13	14
15	16	17	18	19	20	21

4 다음 밑줄 친 글자의 한자를 찾아 번호를 써 보세요.

보기   ① 入   ② 內   ③ 大   ④ 中   ⑤ 小

내 방 **안**에는 **작은** 인형이 많아.

5 다음 그림 중 **안** 내 한자와 관련이 있는 것을 골라 보세요. ·················· [   ]

① ② ③

● 그림을 보고 빈칸에 알맞은 한자를 써 보세요.

보기   上(윗 상) / 下 / 左 / 右 / 內

1   쿠션은 소파의 [上] 에 놓여있어요.

2   텔레비전의 [　] 에는 스피커가 있어요.

3   텔레비전의 [　] 에는 장식장이 있어요.

4   가족사진 [　] 에는 풍경 사진이 걸려있어요.

2주차

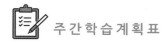 주간학습계획표

회차	학습내용	학습계획일
06회	力 힘 력(역)	월 일
07회	自 스스로 자	월 일
08회	立 설 립(입)	월 일
09회	手 손 수	월 일
10회	足 발 족	월 일

力

힘　　힘 력　　힘 력

뜻(훈)　힘
소리(음)　력(역)

영어　power 힘

[**힘 력(역)**은 **팔에 힘을 줄 때 근육이 불거진 모양**을 보고 만들었습니다.]

력(역)이라고 읽으며 힘, 힘쓰다, 일꾼 등의 뜻이 있습니다.

예문 나는 하루에 한자를 3개씩 외우기 위해 **노력**하고 있어.
= 나는 하루에 한자를 3개씩 외우기 위해 **애쓰고** 있어.

📖 교과어휘

① **노력**(努 力) 목적을 이루기 위하여 있는 힘을 다해 부지런히 애를 씀　겨울1-2
　　힘쓸 노 힘 력
② **실력**(實 力) 실제로 해낼 수 있는 능력　국어2-2(가)
　　열매 실 힘 력
③ **창의력**(創 意 力) 새로운 생각을 해내는 힘　사회4-1
　　비롯할 창 뜻 의 힘 력
④ **능력**(能 力) 어떤 일을 해낼 수 있는 힘. 또는 어떤 일에 대한 재능　국어3-1(가)
　　능할 능 힘 력
⑤ **집중력**(集 中 力) 집중할 수 있는 힘　국어활동3-1
　　모을 집 가운데 중 힘 력
⑥ **역량**(力 量) 어떤 일을 맡아서 해낼 수 있는 힘　국어1-1(가)
　　힘 역 헤아릴 량

---

1 다음 한자의 뜻(훈)과 소리(음)를 써 보세요.

力　　뜻(훈): ＿＿＿＿＿＿＿＿＿　　소리(음): ＿＿＿＿＿＿＿＿＿

2 다음 단어와 뜻을 알맞게 선으로 이어 보세요.

① 能力　　　　　　　　　　· 새로운 생각을 해내는 힘
　능할 능

② 創意力　·　　　　　　　　· 맡아 해낼 수 있는 힘
　비롯할 창 뜻 의

③ 力量　·　　　　　　　　　· 어떤 일에 대한 재능
　헤아릴 량

④ 實力　·　　　　　　　　　· 실제로 해낼 수 있는 능력
　열매 실

3 다음 **힘 력** 한자를 순서대로 써 보세요.

부수 力 (힘력, 2획) 획수 총 2획

1 力	2 力	3 力	4 力	5	6	7
힘 력	힘 력					
8	9	10	11	12	13	14
15	16	17	18	19	20	21

4 아래 문장에 알맞은 한자를 골라 보세요.

[1] 지후는 (實力 / 集中力)이 좋아서 책을 읽기 시작하면 끝까지 다 읽는다.

[2] 지유는 달리기 (實力 / 集中力)이 좋아서 시합에 나가면 매번 1등을 한다.

5 다음 문장 중 밑줄 친 부분이 뜻하는 단어를 골라 보세요. ·· [   ]

> 준혁이의 장래희망은 국가대표 수영선수가 되는 것입니다. 그래서 준혁이는 꿈을 이루기 위해
> 열심히 수영 연습을 하며 매일매일 <u>있는 힘을 다해 열심히 애를 쓰고</u> 있습니다.

① 노력(努力)
힘쓸 노

② 역량(力量)
헤아릴 량

③ 창의력(創意力)
비롯할 창 뜻 의

🕐 끝난 시간 ☐ 시 ☐ 분 **1회 분 푸는 데 걸린 시간** ☐ 분 ⭐ **5문제 중** ☐ 개 3번은 정확히 다 써야 정답입니다. 스스로 붙임딱지

自

스스로

스스로 자

스스로 자

뜻(훈)	스스로
소리(음)	자

영어 oneself 스스로

[**스스로** 자는 **사람의 코 모양**을 보고 만들었습니다.]

자라고 읽으며 스스로, 몸소, 자기 등의 뜻이 있습니다.

예문 방학에는 자유롭게 놀아야지!
　　 = 방학에는 내 마음대로 놀아야지!

📖 교과어휘

① **자유**(自 由) 자기 마음대로 할 수 있는 상태 국어활동 1-2
　　스스로 자 말미암을 유

② **자신**(自 身) 바로 그 사람. 자기 국어 1-1(가)
　　스스로 자 몸 신

③ **자신감**(自 信 感) 어떤 일을 스스로 해낼 수 있다고 믿는 마음 국어 3-2(나)
　　스스로 자 믿을 신 느낄 감

④ **자동**(自 動) 스스로 움직임 국어 2-1(나)
　　스스로 자 움직일 동

⑤ **자부심**(自 負 心) 자신의 가치나 능력을 믿고 당당히 여기는 마음 사회 4-1
　　스스로 자 질 부 마음 심

⑥ **자전거**(自 轉 車) 사람이 두 발로 바퀴를 굴려서 움직이는 탈것 국어활동 1-1
　　스스로 자 구를 전 수레 거

---

1 다음 한자의 뜻(훈)과 소리(음)를 써 보세요.

自　　　뜻(훈): ＿＿＿＿＿＿＿＿＿＿＿　　　소리(음): ＿＿＿＿＿＿＿＿＿＿＿

2 다음 단어와 뜻을 알맞게 선으로 이어 보세요.

① 自身　·
　　몸 신
② 自轉車·
　　구를 전 수레 거
③ 自負心·
　　질 부 마음 심
④ 自由　·
　　말미암을 유

· 마음대로 할 수 있는 상태

· 자신의 가치를 믿고 당당히 여기는 마음

· 바퀴를 굴려서 움직이는 탈것

· 바로 그 사람

3 다음 **스스로 자** 한자를 순서대로 써 보세요.

부수 自 (스스로자, 6획) 획수 총 6획

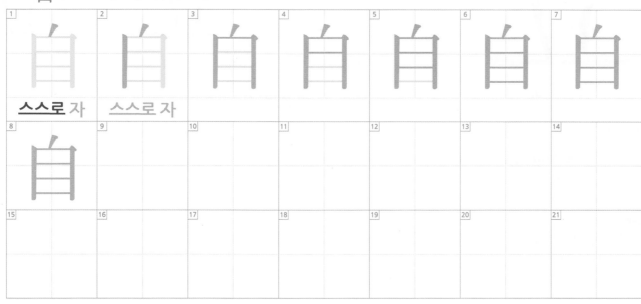

스스로 자	스스로 자

4 다음 문장 중 밑줄 친 단어의 한자를 찾아 보세요. ·································· [   ]

> 이 문은 **자동**으로 열리는 문이야.

① 手動   ② 自動   ③ 能動

5 다음 문장 중 빈칸에 들어갈 알맞은 단어를 골라 보세요. ·················· [   ]

> 보라가 제일 좋아하는 과목은 수학입니다. 수학 시간에 선생님께서 문제를 내시면, 보라는
> 손을 번쩍 들고 (   ) 있게 답을 외칩니다.

① 자유(自 由)   ② 자신감(自 身 感)   ③ 자전거(自 轉 車)
　　　말미암을 유　　　　　　　　몸 신 느낄 감　　　　　　　　구를 전 수레 거

끝난 시간 [ ]시 [ ]분   **1회 분 푸는 데 걸린 시간** [ ]분   **5문제 중** [ ]개   3번은 정확히 다 써야 정답입니다.   스스로 붙임딱지

立

서다

설 립

설 립

뜻(훈) 설
소리(음) 립(입)

영어 stand 서다

[설 립(입)은 **사람이 땅 위에 서있는 모습**을 보고 만들었습니다.]

립(입)이라고 읽으며 서다, 세우다, 자리 등의 뜻이 있습니다.

예문 내 입장만 고집하면 안 돼.
= 내 생각만 고집하면 안 돼.

📖 교과어휘

① **독립**(獨 立) 남의 지배를 받지 않음. 또는 남의 도움을 받지 않고 섬 국어 3-2(나)
　　　홀로 독 설 립
② **입장**(立 場) 어떤 것에 대한 생각. 또는 처한 상황 사회 4-1
　　　설 입 마당 장
③ **국립**(國 立) 나라에서 세우고 관리함 국어활동 3-2
　　　나라 국 설 립
④ **중립**(中 立) 어느 편에도 속하지 않고 공정한 것
　　　가운데 중 설 립
⑤ **설립**(設 立) 시설이나 기관 등을 새로 만들어 세움
　　　베풀 설 설 립
⑥ **매립**(埋 立) 움푹 파인 땅을 채움 사회 4-1
　　　묻을 매 설 립

---

1 다음 한자의 뜻(훈)과 소리(음)를 써 보세요.

立 　　뜻(훈): _____　　　소리(음): _____

2 다음 단어와 뜻을 알맞게 선으로 이어 보세요.

① 設立 ·
　베풀 설
② 立場 ·
　　마당 장
③ 中立 ·
　가운데 중
④ 埋立 ·
　묻을 매

· 어떤 것에 대한 생각. 또는 처한 상황

· 시설, 기관을 세움

· 파인 땅을 채움

· 어느 편도 아님

3 다음 **설 립** 한자를 순서대로 써 보세요.

부수 立 (설립, 5획) 획수 총 5획

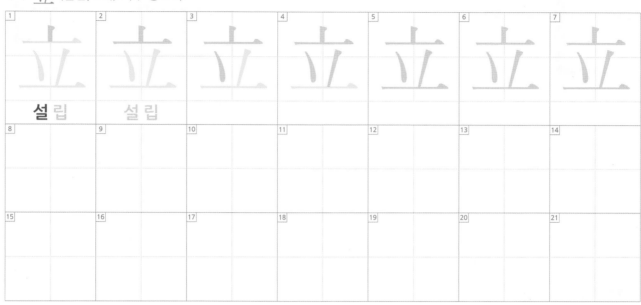

1 立	2 立	3 立	4 立	5 立	6 立	7 立
설립	설립					
8	9	10	11	12	13	14
15	16	17	18	19	20	21

4 다음 밑줄 친 글자의 한자를 찾아 번호를 써 보세요.

보기　　　① 設立　　② 獨立　　③ 百　　④ 日

광복절은 우리나라가 **독립**한 것을 기념하는 **날**이야.

▢ 　　▢

5 다음 문장 중 밑줄 친 부분이 뜻하는 단어를 골라 보세요. ·························· [　　]

> 민후는 친구들과 함께 **나라에서 세운** 박물관으로 체험학습을 다녀왔습니다. 박물관에는 공룡의 뼈, 왕이 쓰던 왕관 등 흥미롭고 신기한 것들이 많이 전시되어 있었습니다.

① 국립(國立)　　　　② 중립(中立)　　　　③ 입장(立場)
　　　　　　　　　　　　　　　　　　　　　　　　　　　마당 장

⏰ 끝난 시간 ▢ 시 ▢ 분　**1회 분 푸는 데 걸린 시간** ▢ 분　⭐ **5문제 중** ▢ 개　3번은 정확히 다 써야 정답입니다.　스스로 붙임딱지

손

손 수

손 수

手

뜻(훈)   손
소리(음)   수
영어   hand 손

[손 수는 **사람의 손 모양**을 보고 만들었습니다.]

수라고 읽으며 손, 재주, 수단, 방법 등의 뜻이 있습니다.

예문 자기 전에 세수를 하고 이를 닦아.
= 자기 전에 얼굴을 씻고 이를 닦아.

📖 교과어휘

① **세수**(洗 手) 물로 얼굴을 씻음 국어 1-1(나)
씻을 세 손 수

② **수건**(手 巾) 얼굴이나 손, 몸을 닦는 천 국어활동 3-2
손 수 수건 건

③ **박수**(拍 手) 축하, 기쁨 등의 표시로 손뼉을 마주 침 국어 1-2(가)
칠 박 손 수

④ **실수**(失 手) 조심하지 않아 잘못함 국어활동 1-2
잃을 실 손 수

⑤ **수첩**(手 帖) 몸에 지니고 다니며 간단한 기록을 할 수 있게 만든 조그마한 공책 겨울 2-2
손 수 문서 첩

⑥ **악수**(握 手) 인사의 의미로 손을 잡음 국어 1-1(가)
쥘 악 손 수

---

1 다음 한자의 뜻(훈)과 소리(음)를 써 보세요.

手   뜻(훈): _____   소리(음): _____

2 다음 단어와 뜻을 알맞게 선으로 이어 보세요.

① 手巾 ·
수건 건

② 洗手 ·
씻을 세

③ 手帖 ·
문서 첩

④ 失手 ·
잃을 실

· 조심하지 않아 잘못함

· 얼굴이나 손, 몸을 닦는 천

· 작은 공책

· 얼굴을 씻음

3 다음 **손 수** 한자를 순서대로 써 보세요.

부수 手 (손수, 4획) 획수 총 4획

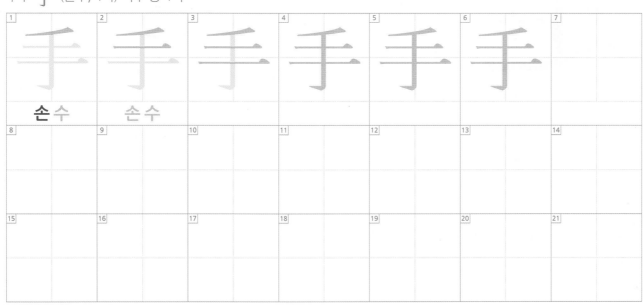

손수　　손수

4 다음 내용이 설명하는 단어를 보기에서 골라 보세요. ⋯⋯⋯⋯⋯⋯⋯⋯⋯⋯⋯ [　　　　]

> 나는 축하나 기쁨 등의 표시로 손뼉을 마주치는 것을 뜻하는 말이야. 친구의 생일을 축하할 때, 우리나라 선수가 골을 넣었을 때, 또는 누군가를 응원할 때 사용하기도 해.

① 박자(拍子)　　　　② 박수(拍手)　　　　③ 박차(拍車)
　　칠 박　　　　　　　　　　　　　　　　　　수레 차

5 다음 그림 중 **손 수** 한자와 관련이 <u>없는</u> 것을 골라 보세요. ⋯⋯⋯⋯⋯⋯⋯⋯ [　　　　]

①
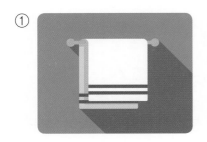
②
③

⏱ 끝난 시간 [　]시 [　]분 **1회 분 푸는 데 걸린 시간** [　]분　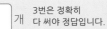 **5문제 중** [　]개　3번은 정확히 다 써야 정답입니다.　스스로 붙임딱지

足

발

발 족

足 발 족

뜻(훈)　발
소리(음)　족
영어　foot 발

[발 족은 **무릎에서 발끝까지의 모양**을 보고 만들었습니다.]

족이라고 읽으며 발, 뿌리, 만족하다 등의 뜻이 있습니다.

예문 정말 만족스러운 저녁 식사였어!
= 정말 마음에 드는 저녁 식사였어!

📖 교과어휘

① **만족**(滿 足) 모자람 없이 마음에 듦 국어 3-2(가)
　　　찰 만 발 족
② **부족**(不 足) 필요한 양보다 모자람 국어활동 1-2
　　　아닐 부 발 족
③ **풍족**(豐 足) 모자라지 않고 넉넉함 국어 3-2(가)
　　　풍년 풍 발 족
④ **수족**(手 足) 손과 발
　　　손 수 발 족
⑤ **역부족**(力 不 足) 힘이 모자람
　　　힘 역 아닐 부 발 족
⑥ **충족**(充 足) 일정한 분량을 채워 모자람이 없음
　　　채울 충 발 족

---

1 다음 한자의 뜻(훈)과 소리(음)를 써 보세요.

足　　뜻(훈): ＿＿＿＿＿＿＿＿＿　　소리(음): ＿＿＿＿＿＿＿＿＿

2 다음 단어와 뜻을 알맞게 선으로 이어 보세요.

① 力不足 ·
　　힘 역 아닐 부
② 手足 ·
　　손 수
③ 豐足 ·
　　풍년 풍
④ 充足 ·
　　채울 충

· 손과 발

· 힘이 모자람

· 일정한 분량을 채워 모자람이 없음

· 모자라지 않고 넉넉함

3 다음 **발** 족 한자를 순서대로 써 보세요.

 足 足 足 足 足 足 足

부수 足 (발족, 7획) 획수 총 7획

1 足	2 足	3 足	4 足	5 足	6 足	7 足
발족	**발**족					
8 足	9 足	10	11	12	13	14
15	16	17	18	19	20	21

4 다음 문장 중 밑줄 친 글자의 한자를 찾아 번호를 써 보세요.

보기   ① 夕   ② 外   ③ 手   ④ 毛   ⑤ 足

<u>밖</u>에 나갔다오면 <u>손</u>과 <u>발</u>을 깨끗이 씻어야 해!

▢   ▢   ▢

5 다음 문장 중 밑줄 친 부분이 뜻하는 단어를 골라 보세요. ·················· [   ]

'넘치는 것은 <u>모자란 것</u>과 같다.'라는 말이 있습니다. 밥이 맛있다고 너무 많이 먹으면 배탈이 나는 것처럼 아무리 좋은 것이라도 너무 지나친 것은 안 좋다는 뜻입니다.

① 풍족(豊足)   ② 수족(手足)   ③ 부족(不足)
   풍년 풍   아닐 부

🕐 끝난 시간 ▢ 시 ▢ 분 **1회 분 푸는 데 걸린 시간** ▢ 분 ⭐ **5문제 중** ▢ 개 3번은 정확히 다 써야 정답입니다. 스스로 붙임딱지

● 밑줄 친 글자의 한자를 찾아 번호를 써 보세요.

自手成家
스스로 자 | 손 수 | 이룰 성 | 집 가

자수성가
자기 손으로 집을 이룬다는 뜻으로, 물려받은 재산 없이 자신이 스스로 노력해서 집안을 일으킬 정도로 큰일을 해낸다는 의미입니다.

우리나라에서 가장 유명한 상인은 제주도의 거상 김만덕입니다.

어린 나이에 어머니와 **아버지**를 여읜 만덕은 가난한 어린 시절을 보냈습니다. ③

하지만 어린 만덕은 굴하지 않고 '꼭 성공해서 자수성가하리라.'하고 다짐했습니다.

만덕은 성인이 된 후부터 직접 **발**로 뛰며 상업 활동을 시작해나갔습니다.

만덕이 살던 제주에는 해산물이 많았지만 곡식이 부족했습니다.

반대로 육지에는 곡식이 많았지만 해산물이 부족했습니다.

그래서 만덕은 제주의 해산물과 육지의 곡식을 서로 사고팔았고, 큰돈을 벌었습니다.

어느 **해**에 큰 흉년이 들자 만덕은 자신의 **힘**이 닿는 데까지 백성들을 돕겠다며 자신이 가지고 있던 곡식 500섬을 사람들에게 나누어주기도 했습니다.

당시 임금이었던 정조는 이 이야기를 듣고 만덕을 궁으로 초대하였는데, 이것을 보면 만덕이 얼마나 대단한 사람이었는지 알 수 있습니다.

아버지 부

보기　① 年　② 足　③ 父　④ 力

3주차

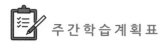 주간학습계획표

회차	학습내용	학습계획일
11회	不 아닐 불(부)	☐ 월 ☐ 일
12회	方 모 방	☐ 월 ☐ 일
13회	正 바를 정	☐ 월 ☐ 일
14회	直 곧을 직	☐ 월 ☐ 일
15회	世 인간 세	☐ 월 ☐ 일

공부한 날 [ ]월 [ ]일
시작 시간 [ ]시 [ ]분

不

 아니다

 아닐 불

 아닐 불

뜻(훈)　아닐
소리(음)　불(부)
영어　no 아니다

[**아닐 불(부)**은 **나무뿌리가 뻗어나가는 모양**을 보고 만들었습니다.]

불(부)이라고 읽으며 아니다, 못하다, 없다 등의 뜻이 있습니다.

예문 앗, 다같이 먹을 간식이 부족해!
　　= 앗, 다같이 먹을 간식이 모자라!

📖 교과어휘

① 불**편**(不 便) 편하지 않음 　국어 2-1(나)
　　아닐 불 편할 편
② 불**평**(不 平) 마음에 들지 않아 못 마땅해함 　국어 4-2(나)
　　아닐 불 평평할 평
③ 불**만**(不 滿) 마음에 들지 않아 언짢음 　국어 5-1(나)
　　아닐 불 찰 만
④ 불**가능**(不 可 能) 해낼 수 없음 　국어활동 3-2
　　아닐 불 옳을 가 능할 능
⑤ 불**안**(不 安) 걱정이 되어 마음이 편하지 않음 　국어 3-2(나)
　　아닐 불 편안 안
⑥ 부**족**(不 足) 필요한 양보다 모자람 　국어활동 1-2
　　아닐 부 발 족

1 다음 한자의 뜻(훈)과 소리(음)를 써 보세요.

不　　뜻(훈): _____　　소리(음): _____

2 다음 단어와 뜻을 알맞게 선으로 이어 보세요.

① 不足 ·
발 족
② 不便 ·
편할 편
③ 不安 ·
편안 안
④ 不平 ·
평평할 평

· 걱정이 되어 마음이 편하지 않음

· 마음에 안 들어서 못 마땅해함

· 편하지 않음

· 모자람

3　다음 **아닐 불** 한자를 순서대로 써 보세요.

不 不 不 不

부수 ━ (한일, 1획) 획수 총 4획

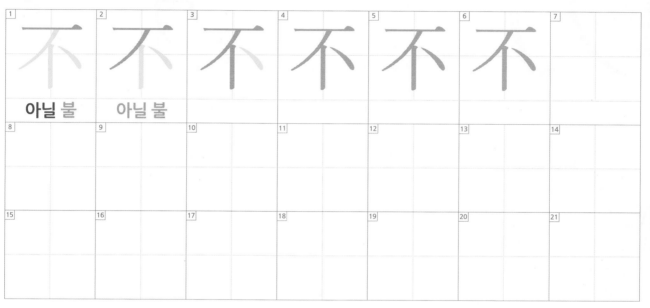

1 不	2 不	3 不	4 不	5 不	6 不	7
아닐 불	아닐 불					
8	9	10	11	12	13	14
15	16	17	18	19	20	21

4　다음 문장 중 밑줄 친 글자의 한자를 찾아 번호를 써 보세요.

보기　①午　②年　③火　④小　⑤不滿　⑥不便

작**년**에 입던 옷이 작**아**져서 **불편**해.

5　다음 문장 중 빈칸에 들어갈 알맞은 단어를 골라 보세요. ⋯⋯⋯⋯⋯⋯⋯⋯⋯⋯ [　　　]

　　나폴레옹은 "내 사전에 (　　　　)이란 없다!"라고 말했습니다. 이 말은 자신이 어떤 일을 하기로 마음먹었다면 무슨 일이 있더라도 반드시 해내고야 말겠다는 뜻입니다.

①불평(不平)　　　　②불만(不滿)　　　　③불가능(不可能)
　평평할 평　　　　　　　　찰 만　　　　　　　　옳을 가 능할 능

方

 모
 모 방
 모 방

뜻(훈) 모
소리(음) 방

영어 direction 방향

[모 방은 **농사를 지을 때 소가 끌던 쟁기의 모습**을 보고 만들었습니다.]
* 쟁기 : 논이나 밭을 갈 때 사용하는 농기구

방이라고 읽으며 모, 모서리, 방향 등의 뜻이 있습니다.

예문 놀이공원을 가려면 어느 방향으로 가야 해?
= 놀이공원을 가려면 어느 쪽을 향해 가야 해?

📖 교과어휘

① **방향**(方 向) 어떤 곳을 향한 쪽 국어 1-1(가)
　　모 방 향할 향
② **사방**(四 方) 동쪽, 서쪽, 남쪽, 북쪽. 모든 방향 국어 3-2(나)
　　넉 사 모 방
③ **상대방**(相 對 方) 마주하고 있는 사람 국어 4-1(가)
　　서로 상 대할 대 모 방
④ **금방**(今 方) 조금 전. 또는 조금 후 국어 2-1(나)
　　이제 금 모 방
⑤ **방석**(方 席) 앉을 때 깔고 앉는 것 국어 5-1(나)
　　모 방 자리 석
⑥ **방법**(方 法) 일을 하는 방식 국어 1-1(가)
　　모 방 법 법

1　다음 한자의 뜻(훈)과 소리(음)를 써 보세요.

方　　뜻(훈): ＿＿＿＿＿＿＿＿　　소리(음): ＿＿＿＿＿＿＿＿

2　다음 단어와 뜻을 알맞게 선으로 이어 보세요.

① 方席 ·
　　자리 석
② 四方 ·
　　넉 사
③ 方法 ·
　　법 법
④ 今方 ·
　　이제 금

· 일을 하는 방식

· 깔고 앉는 것

· 조금 전. 또는 조금 후

· 모든 방향

3 다음 **모 방** 한자를 순서대로 써 보세요.

方 方 方 方

부수 方 (모방, 4획) 획수 총 4획

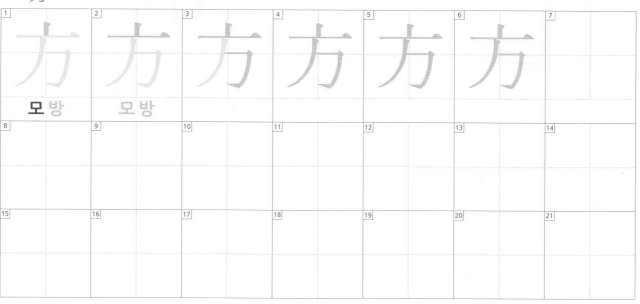

1 方	2 方	3 方	4 方	5 方	6 方	7
모 방	모 방					
8	9	10	11	12	13	14
15	16	17	18	19	20	21

4 아래 문장에 알맞은 한자를 골라 보세요.

[1] 망가진 장난감을 고칠 (**方法** / **方向**)이 없을까?

[2] 화장실은 어느 (**方法** / **方向**)으로 가야해요?

5 다음 문장 중 빈칸에 들어갈 알맞은 단어를 골라 보세요. ································ [   ]

> 고집쟁이 개구리가 어른 개구리에게 물었습니다. "왜 다른 개구리들은 저와 대화하는 걸 싫어할까요?" 어른 개구리가 대답했습니다. "대화를 할 때 자신의 입장만 고집하지 말고 (   )의 입장에서도 생각해보렴."

① 사방(**四方**)　　　② 금방(**今方**)　　　③ 상대방(**相對方**)
　　　　　　　　　　　　　　이제 금　　　　　　　　서로 상　대할 대

끝난 시간 ☐ 시 ☐ 분 **1회 분 푸는 데 걸린 시간** ☐ 분 　⭐ **5문제 중** ☐ 개 　3번은 정확히 다 써야 정답입니다.　스스로 붙임딱지

正

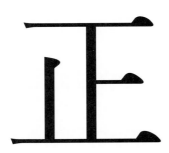
바르다

바를 정

바를 정

뜻(훈)　바를

소리(음)　정

영어　right 옳다

[**바를** 정은 **적의 성을 공격하기 위해 가는 것을 올바르게 여기던 모습**을 나타낸 한자입니다.]

정이라고 읽으며 바르다, 정당하다 등의 뜻이 있습니다.

예문 나는 정직한 사람이 될 거야!
= 나는 거짓 없는 사람이 될 거야!

📖 교과어휘

① **정답**(正 答) 올바른 답　가을 1-2
　　바를 정 대답 답

② **정사각형**(正 四 角 形) 네 변의 길이가 똑같은 네모 모양의 도형　수학 2-2(가)
　　바를 정 넉 사 뿔 각 모양 형

③ **정문**(正 門) 건물의 앞문　국어활동 4-1
　　바를 정 문 문

④ **정직**(正 直) 거짓 없이 바르고 곧음　국어 4-1(나)
　　바를 정 곧을 직

⑤ **정확**(正 確) 바르고 확실함　국어 1-1(나)
　　바를 정 굳을 확

⑥ **정각**(正 刻) 바로 그 시각. 시계의 긴 바늘이 12시에 가 있는 시각　국어 2-1(나)
　　바를 정 새길 각

---

1 다음 한자의 뜻(훈)과 소리(음)를 써 보세요.

正　　뜻(훈): _____　　소리(음): _____

2 다음 단어와 뜻을 알맞게 선으로 이어 보세요.

① 正直 ·
곧을 직

② 正門 ·
문 문

③ 正確 ·
굳을 확

④ 正答 ·
대답 답

· 올바른 답

· 바르고 확실함

· 건물의 앞문

· 거짓이 없음

3 다음 **바를** 정 한자를 순서대로 써 보세요.

부수 止 (그칠지, 4획) 획수 총 5획

1	2	3	4	5	6	7
正	正	正	正	正	正	正
바를 정	**바를** 정					
8	9	10	11	12	13	14
15	16	17	18	19	20	21

4 다음 문장 중 밑줄 친 글자의 한자를 찾아 번호를 써 보세요.

보기 ① 七 ② 九 ③ 五 ④ 正

이 기차는 **9**시 **정**각에 출발한다.

5 다음 그림 중 **바를** 정 한자와 관련이 <u>없는</u> 것을 골라 보세요. ·········· [   ]

①

②

③

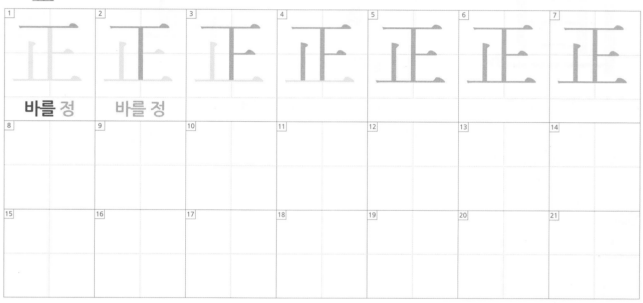

곧다 　　곧을 직 　　곧을 직

뜻(훈)　곧을
소리(음)　직
영어 straight 곧다

[곧을 직은 **눈으로 곧게 바라보는 모습**을 나타낸 한자입니다.]

직이라고 읽으며 곧다, 바르다 등의 뜻이 있습니다.

예문 네 마음을 솔직하게 얘기해줘.
= 네 마음을 숨기는 것 없이 얘기해줘.

📖 교과어휘

① **솔직**(率 直) 거짓말이나 숨기는 것 없이 바르고 곧음 　국어 1-2(나)
　　거느릴 솔 곧을 직
② **직접**(直 接) 다른 것을 거치지 않고 바로 　국어활동 1-1
　　곧을 직 이을 접
③ **직선**(直 線) 곧은 선 　국어 4-1(가)
　　곧을 직 줄 선
④ **직각**(直 角) 두 개의 직선이 만나서 이룬 각이 90도인 것
　　곧을 직 뿔 각
⑤ **수직선**(垂 直 線) 다른 선과 직각으로 만나는 선 　국어 4-1(가)
　　드리울 수 곧을 직 줄 선
⑥ **직행**(直 行) 다른 데 들르지 않고 바로 감
　　곧을 직 다닐 행

1 다음 한자의 뜻(훈)과 소리(음)를 써 보세요.

直　　뜻(훈): _____　　소리(음): _____

2 다음 단어와 뜻을 알맞게 선으로 이어 보세요.

① 率直 ·
　거느릴 솔

② 直角 ·
　뿔 각

③ 直線 ·
　줄 선

④ 直接 ·
　이을 접

· 곧은 선

· 두 직선이 만나는 90도의 각

· 거짓이나 숨김이 없음

· 다른 것을 거치지 않고 바로

3 다음 **곧을 직** 한자를 순서대로 써 보세요.

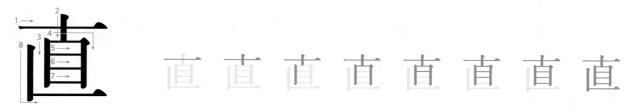

부수 目 (눈목, 5획) 획수 총 8획

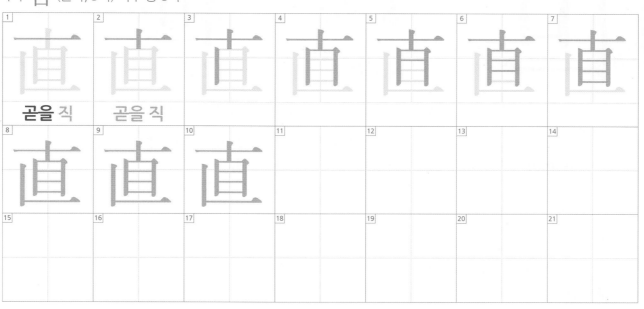

直	直	直	直	直	直	直
곧을 직	곧을 직					
直	直	直				

4 다음 문장 중 밑줄 친 글자의 한자를 찾아 번호를 써 보세요.

보기   ① 示   ② 不   ③ 直接   ④ 間接

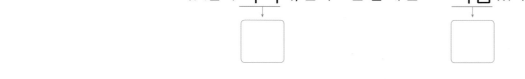

거짓말이 **아니**야, 눈이 오는 걸 내 눈으로 **직접** 봤어!

5 다음 그림 중 **곧을 직** 한자와 관련이 있는 것을 골라 보세요. ·········· [   ]

①    ②   ③

 끝난 시간 [ ]시 [ ]분 **1회 분 푸는 데 걸린 시간** [ ]분   **5문제 중** [ ]개   3번은 정확히 다 써야 정답입니다.   스스로 붙임딱지

世

뜻(훈) 인간
소리(음) 세
영어 **human** 인간

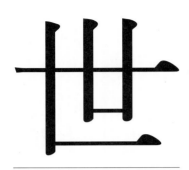
인간

인간 세

인간 세

[**인간 세**는 **몇 개의 나뭇잎이 이어져 있는 모양**을 보고 만들었습니다.]

세라고 읽으며 인간, 세상, 일생, 세대 등의 뜻이 있습니다.

예문 비행기를 타고 세계 여행을 떠나자!
= 비행기를 타고 지구에 있는 모든 나라로 여행을 떠나자!

📖 교과어휘

① **세상**(世 上) 사람이 살고 있는 사회 국어 1-1(나)
　　　인간 세 윗 상
② **세계**(世 界) 지구에 있는 모든 나라 국어 1·2(가)
　　　인간 세 지경 계
③ **세종대왕**(世 宗 大 王) 한글을 만든 조선시대 왕 겨울 1·2
　　　인간 세 마루 종 큰 대 임금 왕
④ **세기**(世 紀) 시대. 또는 100년을 단위로 하는 기간
　　　인간 세 벼리 기
⑤ **출세**(出 世) 사회적으로 높은 지위에 오르거나 유명해짐
　　　날 출 인간 세
⑥ **세대**(世 代) 같은 시대에 사는 비슷한 나이의 사람들 사회 3-1
　　　인간 세 대신할 대

1 다음 한자의 뜻(훈)과 소리(음)를 써 보세요.

世　　뜻(훈): _____　　소리(음): _____

2 다음 단어와 뜻을 알맞게 선으로 이어 보세요.

① 出世 ·
　날 출
② 世代 ·
　대신할 대
③ 世紀 ·
　벼리 기
④ 世界 ·
　지경 계

· 높은 지위에 오름

· 지구 위의 모든 나라

· 같은 시대의 비슷한 나이의 사람들

· 100년을 단위로 하는 기간

3 다음 **인간 세** 한자를 순서대로 써 보세요.

부수 ━ (한일, 1획) 획수 총 5획

1	2	3	4	5	6	7
世	世	世	世	世	世	世
인간 세	**인간** 세					
8	9	10	11	12	13	14
15	16	17	18	19	20	21

4 다음 문장 중 밑줄 친 글자의 한자를 찾아 번호를 써 보세요.

보기
①世代　②世上　③白　④百

어젯밤 내린 눈으로 **세상**이 **하얗게** 물들었어.

5 다음 그림 중 **인간 세** 한자와 관련이 있는 것을 골라 보세요. .... [　　　]

①
②
③

⏰ **끝난 시간** [　] 시 [　] 분 **1회 분 푸는 데 걸린 시간** [　] 분 ⭐ **5문제 중** [　] 개 3번은 정확히 다 써야 정답입니다. | 스스로 붙임딱지 🐾

● 설명에 맞는 한자어를 빈칸에 한글로 써 보세요.

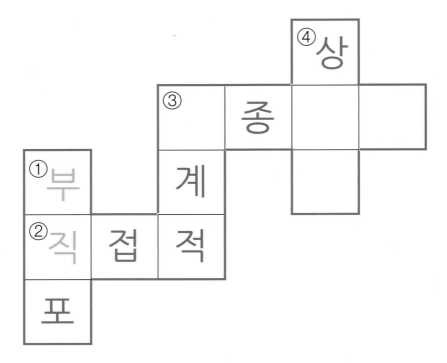

가로

② 直 接 的
   이을 **접** 과녁 **적**

무언가를 통하지 않고 바로 연결되는

③ 世 宗 大 王
   마루 **종**

한글을 만든 조선시대 왕

세로

① 不 織 布   부직포
   짤 **직** 베 **포**

직접 짜지 않고 접착제 등을 사용해서 만든 천

③ 世 界 的
   지경 **계** 과녁 **적**

전 세계에 영향을 미치거나 전 세계에서 유명
할 정도로 뛰어난

④ 相 對 方
   서로 **상** 대할 **대**

대화할 때의 반대편 사람. 또는 대결할 때의
반대편 사람

4주차

주간학습계획표

회차	학습내용		학습계획일
16회	午 낮 오		☐ 월 ☐ 일
17회	前 앞 전		☐ 월 ☐ 일
18회	後 뒤 후		☐ 월 ☐ 일
19회	每 매양 매		☐ 월 ☐ 일
20회	時 때 시		☐ 월 ☐ 일

午

뜻(훈)　낮
소리(음)　오
영어 **daytime 낮**

[낮 오는 **나무 막대를 꽂아 그림자를 보고 한낮임을 알던 모습**을 보고 만들었습니다.]

오라고 읽으며 낮, 정오 등의 뜻이 있습니다.

예문 우리는 정오에 점심을 먹는다.
　　= 우리는 낮 12시에 점심을 먹는다.

📖 **교과어휘**

① **오전**(午 前) 밤 12시부터 낮 12시까지 　국어 2-1(가)
　　낮오 앞전
② **오후**(午 後) 낮 12시부터 밤 12시까지 　국어 2-1(가)
　　낮오 뒤후
③ **단오**(端 午) 우리나라 명절 중 하나로, 음력 5월 5일. 그네뛰기나 씨름 등의 놀이를 즐기는 날 　가을 1-2
　　끝단 낮오
④ **정오**(正 午) 낮 12시
　　바를정 낮오

---

1 다음 한자의 뜻(훈)과 소리(음)를 써 보세요.

午　　뜻(훈): ＿＿＿＿＿＿＿＿＿＿　소리(음): ＿＿＿＿＿＿＿＿＿＿

2 다음 단어와 뜻을 알맞게 선으로 이어 보세요.

① 午前 ·　　　　　　　　· 음력 5월 5일
　앞 전

② 端午 ·　　　　　　　　· 낮 12시부터 밤 12시까지
　끝 단

③ 午後 ·　　　　　　　　· 낮 12시
　뒤 후

④ 正午 ·　　　　　　　　· 밤 12시부터 낮 12시까지
　바를 정

3 다음 **낮 오** 한자를 순서대로 써 보세요.

午 午 午 午

부수 十 (열십, 2획) 획수 총 4획

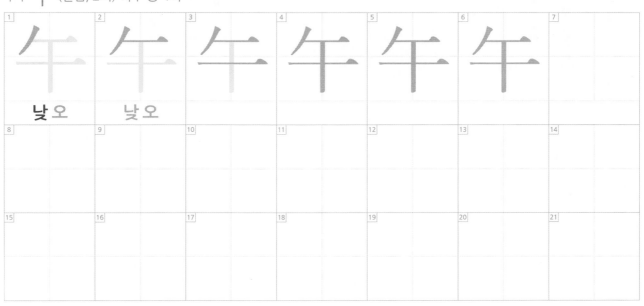

1 午	2 午	3 午	4 午	5 午	6 午	7
낮오	낮오					
8	9	10	11	12	13	14
15	16	17	18	19	20	21

4 다음 내용이 설명하는 단어를 골라 보세요. ·················· [　　　]

> 이날은 우리나라 명절 중 하나로, 음력 5월 5일이야. 이날이 되면 사람들은 그네뛰기나 씨름 등의 놀이를 즐기며, 여자들은 창포물에 머리를 감는 풍습이 있어.

① 오전(午前)　　　② 단오(端午)　　　③ 정오(正午)
　　　앞전　　　　　　　　끝단

5 다음 그림 중 **낮 오** 한자와 관련이 <u>없는</u> 것을 골라 보세요. ·················· [　　　]

① 　　② 　　③

 끝난 시간 [　]시 [　]분 **1회 분 푸는 데 걸린 시간** [　]분　 **5문제 중** [　]개　3번은 정확히 다 써야 정답입니다.　스스로 붙임딱지

前

앞 전

앞 전

뜻(훈)　앞
소리(음)　전
영어　front 앞

[**앞 전**은 **배를 타고 앞으로 나아가는 사람의 모습**을 나타낸 한자입니다.]

전이라고 읽으며 앞, 먼저, 앞서나가다 등의 뜻이 있습니다.

예문　교실에 필통을 두고 온 걸 교문을 나서기 직전에 깨달았다.
　　　= 교실에 필통을 두고 온 걸 교문을 나서기 바로 전에 깨달았다.

📖 **교과어휘**

① **직전**(直 前) 바로 전
　　　곧을 직 앞 전
② **전후**(前 後) 앞과 뒤. 또는 먼저와 나중
　　　앞 전 뒤 후
③ **전진**(前 進) 원하는 장소나 목표를 향해 앞으로 나아 감
　　　앞 전 나아갈 진
④ **전년**(前 年) 지난해
　　　앞 전 해 년
⑤ **전생**(前 生) 이 세상에 태어나기 이전에 살았던 삶　사회 3-1
　　　앞 전 날 생
⑥ **사전**(事 前) 어떤 일이 있기 전　사회 3-1
　　　일 사 앞 전

1　다음 한자의 뜻(훈)과 소리(음)를 써 보세요.

前　　뜻(훈): _____　　소리(음): _____

2　다음 단어와 뜻을 알맞게 선으로 이어 보세요.

① 前後 ·
　　뒤 후
② 事前 ·
　　일 사
③ 前進 ·
　　나아갈 진
④ 前生 ·
　　날 생

· 앞으로 나아 감

· 어떤 일이 있기 전

· 지금 이전의 삶

· 앞과 뒤

3 다음 **앞 전** 한자를 순서대로 써 보세요.

前 前 前 前 前 前 前 前 前

부수 刂 (선칼도방, 2획) 획수 총 9획

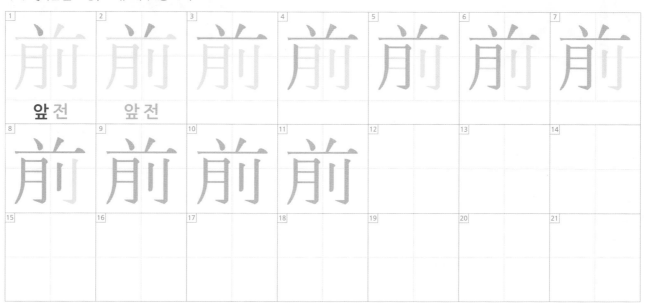

앞 전   앞 전

4 다음 문장 중 밑줄 친 단어의 한자를 찾아 보세요. ·· [   ]

> 나는 **전년**보다 키가 많이 자랐어.

① 來年   ② 前年   ③ 後年

5 다음 문장 중 밑줄 친 부분이 뜻하는 단어를 골라 보세요. ·· [   ]

> 우리 반 대표로 달리기 시합에 나갔다. 그런데 내가 결승선에 들어가기 **바로 전**에 다른 반 친구가 먼저 도착하고 말았다. 무척 아쉬웠지만 반 친구들이 괜찮다며 수고했다고 말해줘서 고마웠다.

① 사전(**事前**)   ② 직전(**直前**)   ③ 전생(**前生**)
  일 사

끝난 시간 ☐ 시 ☐ 분 **1회 분 푸는 데 걸린 시간** ☐ 분   ★ **5문제 중** ☐ 개   3번은 정확히 다 써야 정답입니다.   스스로 붙임딱지

後

뜻(훈)　뒤
소리(음)　후
영어　back 뒤

뒤　후

[뒤 후는 **길을 갈 때 걸음이 늦어 뒤처지는 모습**을 보고 만들었습니다.]

후라고 읽으며 뒤, 뒤떨어지다, 뒤처지다 등의 뜻이 있습니다.

예문 나는 어제 식후에 딸기를 먹었다.
= 나는 어제 밥 먹은 뒤에 딸기를 먹었다.

📖 교과어휘

① **오후**(午後) 낮 12시부터 밤 12시까지 국어 2-1(가)
　　낮오 뒤후
② **후회**(後悔) 뒤늦게 잘못을 깨닫고 뉘우침 국어활동 1-2
　　뒤후 뉘우칠회
③ **후문**(後門) 뒷문 국어 5-1(나)
　　뒤후 문문
④ **식후**(食後) 밥 먹은 뒤
　　밥식 뒤후
⑤ **후손**(後孫) 여러 세대가 지난 뒤의 자손 사회 3-1
　　뒤후 손자손

---

1 다음 한자의 뜻(훈)과 소리(음)를 써 보세요.

後　　뜻(훈): _____　　소리(음): _____

---

2 다음 단어와 뜻을 알맞게 선으로 이어 보세요.

① 食後 ·
　밥식
② 後門 ·
　문문
③ 午後 ·
　낮오
④ 後孫 ·
　손자손

· 뒷문

· 밥 먹은 뒤

· 여러 세대가 지난 뒤의 자손

· 낮 12시부터 밤 12시까지

3 다음 **뒤** 후 한자를 순서대로 써 보세요.

부수 彳(두인변, 3획) 획수 총 9획

1 後 뒤 후	2 後 뒤 후	3 後	4 後	5 後	6 後	7 後
8 後	9 後	10 後	11 後	12	13	14
15	16	17	18	19	20	21

4
주

18
회

정답
130쪽

4 다음 문장 중 밑줄 친 글자의 한자를 찾아 번호를 써 보세요.

보기
①足 ②兄 ③後悔 ④後孫

형이랑 싸운 것을 **후회**했어.

□ □

5 다음 문장 중 빈칸에 들어갈 알맞은 단어를 골라 보세요. ·································· [   ]

낮 12시는 정확한 낮이라는 뜻으로 정오라고 부릅니다. 정오보다 시간이 앞이면 오전이라고 말하고, 정오보다 시간이 뒤이면 (   )(이)라고 말합니다.

①식후(食後)
밥 식
②후문(後門)
③오후(午後)

🕐 끝난 시간 □ 시 □ 분 **1회 분 푸는 데 걸린 시간** □ 분 ⭐ **5문제 중** □ 개 3번은 정확히 다 써야 정답입니다. 스스로 붙임딱지

每

매양

매양 매

매양 매

뜻(훈) 매양
소리(음) 매
영어 **every 모든**

[매양 매는 **비녀를 꽂은 여자의 모습**을 보고 만들었습니다.]

매라고 읽으며 매양, 늘, 마다 등의 뜻이 있습니다.

예문 나는 키가 크고 싶어서 매일 줄넘기를 해.
= 나는 키가 크고 싶어서 날마다 줄넘기를 해.

📖 교과어휘

① 매일(每 日) 그날그날. 또는 날마다 국어활동 1-2
　　매양 매 날 일
② 매주(每 週) 한 주일마다 국어활동 3-2
　　매양 매 돌 주
③ 매월(每 月) 각각의 모든 달. 또는 매달
　　매양 매 달 월
④ 매년(每 年) 한 해 한 해의 모든 해마다 국어 3-1(나)
　　매양 매 해 년
⑤ 매번(每 番) 어느 때에나 다
　　매양 매 차례 번

---

1 다음 한자의 뜻(훈)과 소리(음)를 써 보세요.

每 뜻(훈): _____ 소리(음): _____

---

2 다음 단어와 뜻을 알맞게 선으로 이어 보세요.

① 每月 ·
　　달 월

② 每週 ·
　　돌 주

③ 每番 ·
　　차례 번

④ 每日 ·
　　날 일

· 날마다

· 모든 달마다

· 한 주일마다

· 어느 때에나 다

3 다음 **매양 매** 한자를 순서대로 써 보세요.

每 每 每 每 每 每 每

부수 毋 (말무, 4획) 획수 총 7획

1 每	2 每	3 每	4 每	5 每	6 每	7 每
매양 매	**매양** 매					
8 每	9 每	10	11	12	13	14
15	16	17	18	19	20	21

4 주 19 회 정답 130쪽

4 다음 문장 중 밑줄 친 단어의 한자를 찾아 보세요. .... [   ]

> 우리는 **매일** 잠자기 전에 일기를 써.

① 全日   ② 每日   ③ 來日

5 다음 문장 중 밑줄 친 부분이 뜻하는 단어를 골라 보세요. .... [   ]

> 견우와 직녀는 옥황상제의 벌을 받아 서로 멀리 떨어져 살고 있습니다. 둘은 1년에 한 번,
> 칠월칠석에만 만날 수 있는데, 그래서 **해마다** 그때가 되면 견우와 직녀가 반가워 흘린
> 눈물이 비가 되어 내립니다.

① 매월(每月)   ② 매년(每年)   ③ 매주(每週)
돌주

끝난 시간 [ ]시 [ ]분   1회 분 푸는 데 걸린 시간 [ ]분   5문제 중 [ ]개   3번은 정확히 다 써야 정답입니다.   스스로 붙임딱지

時

때

때 시

때 시

뜻(훈)　때
소리(음)　시

영어　moment 때

[때 시는 **해가 지나가는 모습**을 나타낸 한자입니다.]

시라고 읽으며 때, 시간, 기한, 기회 등의 뜻이 있습니다.

예문 시계의 짧은 바늘이 8, 긴 바늘이 12에 있으면 8시야!
= 시간을 나타내는 기계의 짧은 바늘이 8, 긴 바늘이 12에 있으면 8시야!

📖 교과어휘

① **시간**(時 間) 어떤 시각에서 다른 시각까지의 동안　국어 1-1(나)
　　때 시 사이 간
② **시계**(時 計) 시간을 나타내는 기계　국어활동 1-1
　　때 시 셀 계
③ **잠시**(暫 時) 오래지 않은 짧은 동안에　국어활동 1-2
　　잠깐 잠 때 시
④ **동시**(同 時) 같은 시간　겨울 2-2
　　한가지 동 때 시
⑤ **임시**(臨 時) 일시적인 동안. 또는 정해져 있지 않고 필요에 따라 그때그때 정하는 일　사회 3-1
　　임할 임 때 시
⑥ **즉시**(卽 時) 바로 그때　국어 6-1(가)
　　곧 즉 때 시

1 다음 한자의 뜻(훈)과 소리(음)를 써 보세요.

時　　뜻(훈): _____　　소리(음): _____

2 다음 단어와 뜻을 알맞게 선으로 이어 보세요.

① 時間 ·
　　사이 간
② 卽時 ·
　　곧 즉
③ 臨時 ·
　　임할 임
④ 同時 ·
　　한가지 동

· 같은 시간

· 언제부터 언제까지의 동안

· 바로 그때

· 일시적인 동안. 또는 그때그때 정하는 일

3 다음 **때 시** 한자를 순서대로 써 보세요.

時 時 時 時 時 時 時 時 時 時

부수 日 (날일, 4획) 획수 총 10획

1 時 때시	2 時 때시	3 時	4 時	5 時	6 時	7 時
8 時	9 時	10 時	11 時	12 時	13	14
15	16	17	18	19	20	21

4 다음 문장 중 밑줄 친 단어의 한자를 찾아 보세요. ································ [   ]

수업시간에 친구와 **동시**에 질문을 했다.

① 同時   ② 同事   ③ 同門

5 다음 문장 중 빈칸에 들어갈 알맞은 단어를 골라 보세요. ··················· [   ]

나는 무엇일까요? 사람들은 나를 보고 지금이 몇 시인지를 확인합니다. 내게 달려있는 기다란 바늘과 짧은 바늘은 하루 종일 쉴 틈 없이 움직이고 있습니다. 나는 바로 (   )입니다!

① 시계(時計)   ② 잠시(暫時)   ③ 동시(同時)
　　셀 계　　　　　　　　　　잠깐 잠　　　　　　　　　한가지 동

끝난 시간 [ ]시 [ ]분 **1회 분 푸는 데 걸린 시간** [ ]분 ☆ **5문제 중** [ ]개 3번은 정확히 다 써야 정답입니다. 스스로 붙임딱지

● 그림을 보고 밑줄 친 글자의 한자를 찾아 번호를 써 보세요.

| 보기 | ① 年 ② 前 (앞 전) ③ 後 ④ 每 ⑤ 時 |

| 제목: 꽃밭 | 날씨: ☼ 맑음 |

아침 밥 먹기 <u>전</u>에 <u>매</u>일 꽃밭에 물을 주었더니
2

지난달보다 5cm나 자랐다.

이렇게 쑥쑥 자라면 일 <u>년</u> <u>후</u>에는 얼마나 커있을까?

무척 기대가 된다. 앞으로도 매일매일 물을 잘 줘야겠다.

5주차

 주간학습계획표

회차	학습내용	학습계획일
21회	平 평평할 평	월 일
22회	安 편안 안	월 일
23회	全 온전 전	월 일
24회	空 빌 공	월 일
25회	間 사이 간	월 일

평평하다

평평할 평

평평할 평

뜻(훈) 평평할
소리(음) 평
영어 **flat 평평하다**

[**평평할 평**은 **저울의 모양**을 보고 만들었습니다.]

평이라고 읽으며 평평하다, 고르다 등의 뜻이 있습니다.

예문 자전거는 평지에서 타는 것이 안전해.
= 자전거는 평평한 땅에서 타는 것이 안전해.

📖 **교과어휘**

① **평범**(平 凡) 특별한 점 없이 보통임 국어활동 4-2
   평평할 평 무릇 범
② **평화**(平 和) 다툼이나 갈등 없이 평온함 국어활동 1·2
   평평할 평 화할 화
③ **평생**(平 生) 사람이 세상에 태어나서 죽을 때까지 살아 있는 동안 국어활동 3-2
   평평할 평 날 생
④ **불평**(不 平) 마음에 들지 않아 못 마땅해함 국어 4-2(나)
   아닐 불 평평할 평
⑤ **평일**(平 日) 토요일, 일요일, 공휴일이 아닌 보통날
   평평할 평 날 일
⑥ **평지**(平 地) 바닥이 고르고 평평한 땅
   평평할 평 땅 지

---

1 다음 한자의 뜻(훈)과 소리(음)를 써 보세요.

平 뜻(훈): _____ 소리(음): _____

2 다음 단어와 뜻을 알맞게 선으로 이어 보세요.

① 平凡 ·
   무릇 범
② 不平 ·
   아닐 불
③ 平生 ·
   날 생
④ 平地 ·
   땅 지

· 마음에 들지 않아 못 마땅해함

· 평평한 땅

· 특별함 없이 보통임

· 태어나서 죽을 때까지 살아 있는 동안

3 다음 **평평할 평** 한자를 순서대로 써 보세요.

부수 干 (방패간, 3획) 획수 총 5획

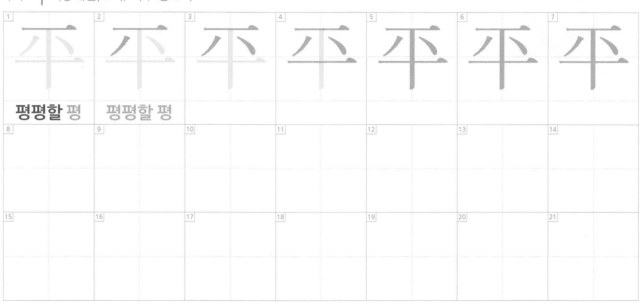

1	2	3	4	5	6	7
平	平	平	平	平	平	平
평평할 평	**평평할** 평					

8	9	10	11	12	13	14

15	16	17	18	19	20	21

5
주

21
회

정답
131쪽

4 다음 문장 중 밑줄 친 글자의 한자를 찾아 번호를 써 보세요.

보기   ① 干   ② 平   ③ 九   ④ 力   ⑤ 學校   ⑥ 學園

평일에는 **9**시까지 **학교**에 갑니다.

☐ ☐ ☐

5 다음 그림 중 **평평할 평** 한자와 관련이 있는 것을 골라 보세요. ·························· [   ]

① ② ③

🕐 끝난 시간 ☐시 ☐분 **1회 분 푸는 데 걸린 시간** ☐분 ⭐ **5문제 중** ☐개 3번은 정확히 다 써야 정답입니다. 스스로 붙임딱지

安

뜻(훈) 편안

소리(음) 안

영어 comfortable 편안하다

 편안하다

 편안 안

 편안 안

[편안 안은 **집 안에 편하게 앉아 있는 여자의 모습**을 보고 만들었습니다.]

안이라고 읽으며 편안하다, 안정적이다 등의 뜻이 있습니다.

예문 따뜻한 집안에 들어오니 편안해!
= 따뜻한 집안에 들어오니 편하고 좋아!

📖 교과어휘

① **안녕**(安 寧) 걱정이나 아무 탈이 없이 편안함. 또는 편한 사이에서 하는 인사 국어 1·1(가)
　　편안 안 편안할 녕

② **안전**(安 全) 위험하거나 사고 날 일이 없음 국어 1·2
　　편안 안 온전 전

③ **미안**(未 安) 마음이 편하지 못하고 부끄러움 국어 1·2(나)
　　아닐 미 편안 안

④ **불안**(不 安) 걱정이 되어 마음이 편하지 않음 국어 3·2(나)
　　아닐 불 편안 안

⑤ **편안**(便 安) 몸과 마음이 편하고 좋음 국어 2·1(가)
　　편할 편 편안 안

⑥ **안심**(安 心) 걱정 없이 마음을 편히 가짐 국어활동 3·2
　　편안 안 마음 심

---

1 다음 한자의 뜻(훈)과 소리(음)를 써 보세요.

安 　뜻(훈): _____　　소리(음): _____

2 다음 단어와 뜻을 알맞게 선으로 이어 보세요.

① 安心 ·
　　마음 심

② 安寧 ·
　　편안할 녕

③ 安全 ·
　　온전 전

④ 便安 ·
　　편할 편

· 걱정이나 아무 탈이 없이 편함

· 위험하지 않음

· 몸과 마음이 편하고 좋음

· 걱정 없이 마음을 편히 가짐

3 다음 **편안 안** 한자를 순서대로 써 보세요.

安 安 安 安 安 安

부수 宀 (갓머리, 3획) 획수 총 6획

1 安 **편안** 안	2 安 **편안 안**	3 安	4 安	5 安	6 安	7 安
8 安	9	10	11	12	13	14
15	16	17	18	19	20	21

5
주

22
회

정답
131쪽

4 다음 문장 중 밑줄 친 단어의 한자를 찾아 보세요. ·········· [   ]

친구와 싸우고 나니 **미안**한 마음에 눈물이 났다.

① 未來   ② 未安   ③ 未完

5 다음 문장 중 빈칸에 들어갈 알맞은 단어를 골라 보세요. ·········· [   ]

자전거를 탈 때 가장 중요한 것은 (   )입니다. 사고가 나지 않기 위하여 우리는 보호 장비를 꼭 착용하고, 너무 빨리 달리지 않도록 주의해야 합니다.

① 편안(便安)
편할 편   ② 안전(安全)
온전 전   ③ 불안(不安)

🕐 **끝난 시간** [ ]시 [ ]분 **1회 분 푸는 데 걸린 시간** [ ]분   ⭐ **5문제 중** [ ]개   3번은 정확히
다 써야 정답입니다.   스스로
붙임딱지

全

뜻(훈) 온전
소리(음) 전
영어 whole 전부

온전하다

온전 전

온전 전

[온전 전은 **값비싼 옥을 흠 없는 온전한 것으로 골라 사는 모습**을 나타낸 한자입니다.]

전이라고 읽으며 온전하다, 갖추어지다, 흠이 없다 등의 뜻이 있습니다.

예문 갑자기 집 전체가 깜깜해졌어!
= 갑자기 집의 모든 부분이 깜깜해졌어!

📖 교과어휘

① **전체**(全 體) 온몸. 또는 모든 부분 국어 1-2(나)
　　온전 전 몸 체
② **전부**(全 部) 하나도 빠짐없이 모두 국어 2-2(가)
　　온전 전 때 부
③ **완전**(完 全) 모자라는 것이나 흠이 없음 국어 2-2(나)
　　완전할 완 온전 전
④ **전교**(全 校) 학교 전체 국어 3-2(나)
　　온전 전 학교 교
⑤ **전국**(全 國) 나라 전체 사회 4-1
　　온전 전 나라 국

---

1 다음 한자의 뜻(훈)과 소리(음)를 써 보세요.

全　　뜻(훈): ＿＿＿＿＿＿＿＿＿　　소리(음): ＿＿＿＿＿＿＿＿＿

2 다음 단어와 뜻을 알맞게 선으로 이어 보세요.

① 全校 ·
　학교 교

② 全部 ·
　때 부

③ 全體 ·
　몸 체

④ 完全 ·
　완전할 완

· 하나도 빠짐없이 모두

· 흠이 없음

· 학교 전체

· 온몸. 또는 모든 부분

3 다음 **온전 전** 한자를 순서대로 써 보세요.

全 全 全 全 全 全

부수 入 (들입, 2획) 획수 총 6획

1 全	2 全	3 全	4 全	5 全	6 全	7 全
온전 전	온전 전					
8 全	9	10	11	12	13	14
15	16	17	18	19	20	21

4 다음 문장 중 밑줄 친 단어의 한자를 찾아 보세요. ·················· [   ]

> 지민이는 **전교**에서 키가 제일 커.

① 登校   ② 學校   ③ 全校

5 다음 문장 중 밑줄 친 부분이 뜻하는 단어를 골라 보세요. ·················· [   ]

> 동물 나라에서 노래자랑이 열렸습니다. 백두산에서 내려온 호랑이, 지리산에서 올라온 반달곰, 남산에서 뛰어온 다람쥐 등 **나라 전체**에 있는 동물들이 모두 모여 노래자랑을 한 결과, 꾀꼬리가 일등을 했습니다.

① 전국(全國)   ② 전체(全體)   ③ 완전(完全)
　　　　　　　　　　　　　　　　　몸 체　　　　　　　　　　　완전할 완

끝난 시간 [　]시 [　]분 **1회 분 푸는 데 걸린 시간** [　]분 **5문제 중** [　]개 3번은 정확히 다 써야 정답입니다. 스스로 붙임딱지

空

뜻(훈) 빌
소리(음) 공

영어 empty 비어있다

비어있다

빌 공　빌 공

[빌 공은 **도구를 이용해 파낸 구멍이 비어 있는 모습**을 나타낸 한자입니다.]

공이라고 읽으며 비다, 없다, 헛되다, 공허하다 등의 뜻이 있습니다.

예문 동생이 내 공책에 낙서를 했어!
= 동생이 내 글씨 쓰는 책에 낙서를 했어!

📖 교과어휘

① 공기(空 氣) 지구를 둘러싸고 있는 기체　국어활동 2-2
　　　　빌 공 기운 기
② 공백(空 白) 텅 비어서 아무것도 없음
　　　　빌 공 흰 백
③ 공책(空 冊) 글씨를 쓰거나 그림을 그리도록 종이를 묶어 만든 책　국어활동 1-1
　　　　빌 공 책 책
④ 공간(空 間) 쓰임 없이 비어있는 곳　겨울 1-2
　　　　빌 공 사이 간
⑤ 공항(空 港) 비행기가 사람이나 짐을 싣고 다닐 수 있도록 시설을 갖춘 곳　사회 3-1
　　　　빌 공 항구 항

---

1 다음 한자의 뜻(훈)과 소리(음)를 써 보세요.

空　　뜻(훈): ＿＿＿＿＿＿＿＿＿　　소리(음): ＿＿＿＿＿＿＿＿＿

2 다음 단어와 뜻을 알맞게 선으로 이어 보세요.

① 空港 ·
　　항구 항
② 空氣 ·
　　기운 기
③ 空間 ·
　　사이 간
④ 空白 ·
　　흰 백

· 비어있는 곳

· 지구를 둘러싸고 있는 기체

· 텅 비어서 아무것도 없음

· 비행기가 사람을 태우는 곳

3 다음 **빌 공** 한자를 순서대로 써 보세요.

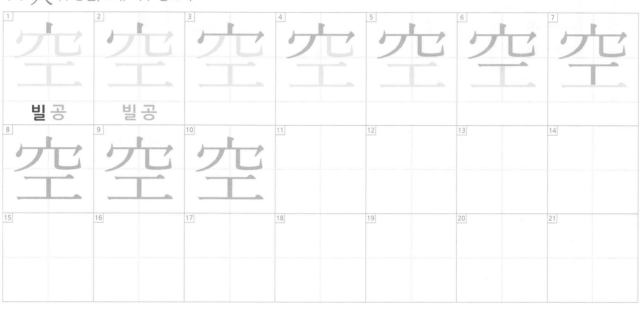

부수 穴 (구멍혈, 5획) 획수 총 8획

空	空	空	空	空	空	空
빌 공	빌 공					
空	空	空				

4 다음 문장 중 밑줄 친 단어의 한자를 찾아 보세요. .... [   ]

> 수학 **공책**에 낙서를 해서 혼났어.

① 空冊   ② 書冊   ③ 方冊

5 다음 문장 중 빈칸에 들어갈 알맞은 단어를 골라 보세요. .... [   ]

> 이곳은 어디일까요? 이곳은 사람들이 비행기를 타기 위해 오는 곳입니다. 이곳에서 일하는 사람들은 비행기가 사람들을 싣고 하늘로 잘 날아갈 수 있도록 최선을 다합니다. 이곳은 바로 (   )입니다.

① 공백(空白)   ② 공간(空間)   ③ 공항(空港)
                              사이 간   항구 항

끝난 시간 [ ]시 [ ]분 **1회 분 푸는 데 걸린 시간** [ ]분   **5문제 중** [ ]개   3번은 정확히 다 써야 정답입니다.   스스로 붙임딱지

 사이

 사이 간

 사이 간

뜻(훈)   사이
소리(음)   간
영어 between 사이에

[사이 간은 **열린 문 사이로 햇빛이 들어오는 모습**을 나타낸 한자입니다.]

간이라고 읽으며 사이, 때, 틈 등의 뜻이 있습니다.

예문 우리 집과 너희 집 중간에서 만나자.
　　= 우리 집과 너희 집 사이에서 만나자.

📖 교과어휘

① **간식**(間 食) 식사 전·후로 간단히 먹는 음식 〔국어 1-1(가)〕
　 사이 간 밥 식
② **중간**(中 間) 두 사물의 사이 〔국어 3-2(가)〕
　 가운데 중 사이 간
③ **인간**(人 間) 사람 〔국어 3-2(가)〕
　 사람 인 사이 간
④ **순간**(瞬 間) 눈 깜짝할 사이의 매우 짧은 동안 〔국어 1-2(나)〕
　 깜짝일 순 사이 간
⑤ **기간**(期 間) 어떤 때에서 다른 때까지의 동안 〔사회 3-1〕
　 기약할 기 사이 간
⑥ **공간**(空 間) 아무것도 없는 빈 곳 〔국어 3-1(나)〕
　 빌 공 사이 간

---

1 다음 한자의 뜻(훈)과 소리(음)를 써 보세요.

間　　뜻(훈): ＿＿＿＿＿＿＿　　소리(음): ＿＿＿＿＿＿＿

2 다음 단어와 뜻을 알맞게 선으로 이어 보세요.

① 瞬間 ·
　깜짝일 순

② 期間 ·
　기약할 기

③ 空間 ·
　빌 공

④ 人間 ·
　사람 인

· 아무것도 없는 빈 곳

· 사람

· 언제부터 언제까지의 동안

· 매우 짧은 동안

3 다음 **사이 간** 한자를 순서대로 써 보세요.

부수 門 (문문, 8획) 획수 총 12획

1 間	2 間	3 間	4 間	5 間	6 間	7 間
사이 간	사이 간					
8 間	9 間	10 間	11 間	12 間	13 間	14 間
15	16	17	18	19	20	21

4 다음 문장 중 밑줄 친 단어의 한자를 찾아 보세요. ⋯⋯⋯⋯⋯⋯⋯⋯⋯⋯ [   ]

> 나는 삼남매의 <u>**중간**</u>인 둘째이다.

① 中間   ② 中國   ③ 中心

5 다음 문장 중 빈칸에 들어갈 알맞은 단어를 골라 보세요. ⋯⋯⋯⋯⋯⋯⋯⋯ [   ]

> 　세상에는 초콜릿, 젤리, 사탕 등 맛있는 (   )이 정말 많습니다. 하지만 식사 사이에 이런 음식들을 너무 많이 먹게 되면 영양을 골고루 섭취하지 못해서 건강이 나빠질 수 있으니 주의해야 합니다.

① 간식(**間食**)   ② 인간(**人間**)   ③ 중간(**中間**)
　　　밥식

⏰ 끝난 시간 □ 시 □ 분   **1회 분 푸는 데 걸린 시간** □ 분   ⭐ **5문제 중** □ 개   3번은 정확히 다 써야 정답입니다.   스스로 붙임딱지

● 밑줄 친 글자의 한자를 찾아 번호를 써 보세요.

天	下	泰	平
하늘 **천**	아래 **하**	클 **태**	평평할 **평**

천하태평

근심이나 걱정이 없거나 성격이 매우 느긋해서 몹시 편안하게 지낸다는 의미입니다.

어느 뜨거운 여름날, 열심히 일하고 있는 개미에게 베짱이가 말했습니다.

"개미야, 햇빛이 너무 뜨겁지 않니? 내 옆으로 오렴. 우리 같이 **편안**하게 쉬자."

"**아니**야 베짱아, 너야말로 나와 함께 일을 하자. 어서 겨울을 대비해야 해."

하지만 베짱이는 개미의 말을 듣지 않았고 시간이 흘러 가을이 되었습니다.

가을에도 베짱이는 일을 하지 않고 바이올린을 연주하며 놀고 있었습니다.

"베짱아 그렇게 천하태평하게 있으면 안 돼, 곧 겨울이 올 거야."

베짱이가 개미의 말을 무시한 채 게으름을 피우는 **사이** 겨울이 오고 말았습니다.

베짱이는 춥고 배고팠지만 베짱이의 곳간은 텅 **비어**있었습니다.

베짱이는 그제야 개미의 말이 옳았다는 것을 깨닫고 개미에게 찾아가 사과했습니다.

베짱이의 진심을 느낀 개미는 베짱이를 용서하고, 베짱이가 자신의 집에서 머물도록 해주었습니다.

보기   편안 안 ① 安 ② 空 ③ 間 ④ 不

6주차

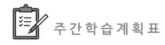 주간학습계획표

회차	학습내용	학습계획일
26회	子 아들 자	월 일
27회	男 사내 남	월 일
28회	孝 효도 효	월 일
29회	家 집 가	월 일
30회	工 장인 공	월 일

📅 공부한 날 [ ]월 [ ]일
⏱ 시작 시간 [ ]시 [ ]분

子

뜻(훈)　아들
소리(음)　자
영어　son 아들

 아들
 아들 자
 아들 자

[**아들** 자는 **포대기에 싸인 어린 아이의 모습**을 보고 만들었습니다.]

자라고 읽으며 아들, 자식 등의 뜻이 있습니다.

예문 흥부의 자녀는 9명이다.
= 흥부의 아들과 딸은 9명이다.

📖 **교과어휘**

① **의자**(椅 子) 사람이 앉을 수 있게 만든 기구 　국어 1-1(나)
　　의자 의 아들 자

② **모자**(帽 子) 햇볕을 가리거나 추위를 막기 위해 머리에 쓰는 물건 　국어 1-1(가)
　　모자 모 아들 자

③ **액자**(額 子) 사진이나 그림을 끼우는 틀 　겨울 2-2
　　이마 액 아들 자

④ **자녀**(子 女) 아들과 딸 　국어 2-2(나)
　　아들 자 여자 녀

⑤ **제자**(弟 子) 스승으로부터 가르침을 받는 사람 　국어 3-2(가)
　　아우 제 아들 자

⑥ **손자**(孫 子) 아들 또는 딸의 아들 　국어 3-1(가)
　　손자 손 아들 자

---

1 다음 한자의 뜻(훈)과 소리(음)를 써 보세요.

子　　뜻(훈): _____　　소리(음): _____

2 다음 단어와 뜻을 알맞게 선으로 이어 보세요.

① 孫子 ·
　손자 손

② 椅子 ·
　의자 의

③ 弟子 ·
　아우 제

④ 額子 ·
　이마 액

· 사람이 앉는 기구

· 사진을 끼우는 틀

· 자식의 아들

· 스승에게 가르침을 받는 사람

3 다음 **아들** 자 한자를 순서대로 써 보세요.

부수 子 (아들자, 3획) 획수 총 3획

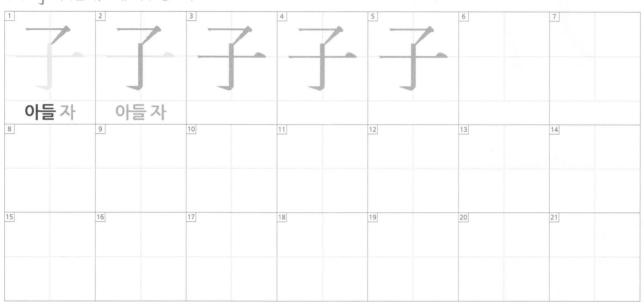

¹ 子	² 子	³ 子	⁴ 子	⁵ 子	⁶	⁷
아들 자	아들 자					
⁸	⁹	¹⁰	¹¹	¹²	¹³	¹⁴
¹⁵	¹⁶	¹⁷	¹⁸	¹⁹	²⁰	²¹

4 다음 내용이 설명하는 단어를 골라 보세요. ·········· [   ]

> 나는 햇볕을 가리거나 추위를 막기 위해 머리에 쓰는 물건이야. 머리를 보호하기 위해 쓰기도 해! 나는 천이나 가죽 또는 털실로 만들기도 하고, 모양도 다양해.

① 자녀(子女)　　② 모자(帽子)　　③ 의자(椅子)
　　　　　　　　　　　　　　모자 모　　　　　　　　의자 의

5 다음 그림 중 **아들** 자 한자와 관련이 <u>없는</u> 것을 골라 보세요. ·········· [   ]

① 　　② 　　③

🕐 끝난 시간 [   ]시 [   ]분　**1회 분 푸는 데 걸린 시간** [   ]분　⭐ **5문제 중** [   ]개　3번은 정확히 다 써야 정답입니다.　스스로 붙임딱지

男

뜻(훈)　사내
소리(음)　남
영어　man 남자

사내

男 사내 남　　男 사내 남

[사내 남은 **밭에서 일하고 있는 사람의 모습**을 나타낸 한자입니다.]

남이라고 읽으며 사내, 젊은이, 아들 등의 뜻이 있습니다.

예문 해와 달이 된 남매의 이야기는 정말 감동적이야.
　　= 해와 달이 된 오빠와 여동생의 이야기는 정말 감동적이야.

📖 교과어휘

① 남자(男 子) 성이 남성인 사람 겨울1-2
　　사내 남 아들 자
② 남매(男 妹) 오빠와 여동생 또는 누나와 남동생 국어 3-1(나)
　　사내 남 누이 매
③ 남녀(男 女) 남자와 여자 국어 6-1(가)
　　사내 남 여자 녀
④ 장남(長 男) 첫 번째로 태어난 아들
　　길 장 사내 남

1　다음 한자의 뜻(훈)과 소리(음)를 써 보세요.

男　　뜻(훈): ＿＿＿＿＿＿＿＿＿　　소리(음): ＿＿＿＿＿＿＿＿＿

2　다음 단어와 뜻을 알맞게 선으로 이어 보세요.

① 男女 ·
　여자 녀
② 長男 ·
　길 장
③ 男妹 ·
　누이 매
④ 男子 ·
　아들 자

· 남녀 형제

· 남성인 사람

· 첫째 아들

· 남자와 여자

3 다음 **사내** 남 한자를 순서대로 써 보세요.

男 男 男 男 男 男 男

부수 田 (밭전, 5획) 획수 총 7획

1 男	2 男	3 男	4 男	5 男	6 男	7 男
사내 남	사내 남					
8 男	9 男	10	11	12	13	14
15	16	17	18	19	20	21

4 다음 문장 중 밑줄 친 글자의 한자를 찾아 번호를 써 보세요.

보기   ① 里   ② 男   ③ 女   ④ 文   ⑤ 一   ⑥ 日

나는 **남**동생과 **여**동생이 **한** 명씩 있어.

5 다음 그림 중 **사내** 남 한자와 관련이 있는 것을 골라 보세요. ································ [   ]

①    ②    ③

끝난 시간 [ ]시 [ ]분 **1회 분 푸는 데 걸린 시간** [ ]분   **5문제 중** [ ]개   3번은 정확히 다 써야 정답입니다.   스스로 붙임딱지

孝

효도

효도 효

효도 효

뜻(훈) 효도

소리(음) 효

영어 filial duty 효도

[**효도 효**는 **자식이 나이 든 부모님을 업은 모습**을 나타낸 한자입니다.]

효라고 읽으며 효도, 부모를 섬기다 등의 뜻이 있습니다.

예문 심청이는 정말 효녀야.
= 심청이는 정말 부모님을 잘 모시는 딸이야.

교과어휘

① **효도**(孝 道) 부모를 공경하고 잘 모시는 것 국어활동 2-1
효도 효 길 도

② **효녀**(孝 女) 부모를 잘 모시는 딸 국어 4-1(나)
효도 효 여자 녀

③ **효자**(孝 子) 부모를 잘 모시는 아들 국어 4-1(나)
효도 효 아들 자

④ **불효**(不 孝) 부모를 잘 모시지 못하고 자식 된 도리를 못함 국어 4-1(나)
아닐 불 효도 효

⑤ **효심**(孝 心) 부모님께 효도하는 마음 사회 3-1
효도 효 마음 심

---

1 다음 한자의 뜻(훈)과 소리(음)를 써 보세요.

孝 뜻(훈): _____ 소리(음): _____

2 다음 단어와 뜻을 알맞게 선으로 이어 보세요.

① 孝子 ·
아들 자

② 孝心 ·
마음 심

③ 不孝 ·
아닐 불

④ 孝女 ·
여자 녀

· 효도하는 마음

· 부모를 잘 모시는 아들

· 부모를 잘 모시는 딸

· 부모를 잘 모시지 못함

3 다음 **효도 효** 한자를 순서대로 써 보세요.

孝 孝 孝 孝 孝 孝 孝

부수 子 (아들자, 3획) 획수 총 7획

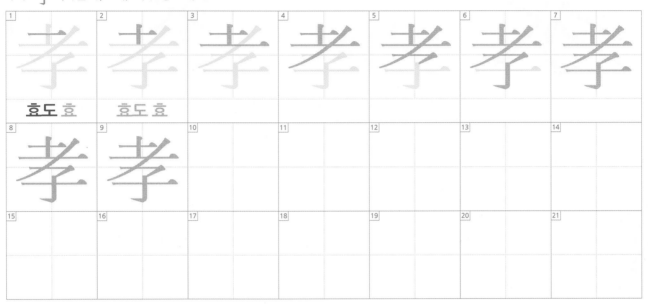

1 孝 효도 효	2 孝 효도 효	3 孝	4 孝	5 孝	6 孝	7 孝
8 孝	9 孝	10	11	12	13	14
15	16	17	18	19	20	21

4 다음 문장 중 밑줄 친 부분이 뜻하는 단어를 골라 보세요. ·················· [　　]

> **부모님께 효도하는 마음**이 깊은 심청이는 앞이 안 보이는 아버지의 눈을 뜨게 하려고 임당수에 빠졌습니다. 감동받은 용왕님은 심청이를 육지로 다시 보내주었고 심청이는 아버지와 행복하게 잘 살았습니다.

① 효자(孝子)　　　　② 불효(不孝)　　　　③ 효심(孝心)
　　　　　　　　　　　　　　　　　　　　　　　　　　마음 심

5 다음 그림 중 **효도 효** 한자와 관련이 있는 것을 골라 보세요. ·················· [　　]

① 　　② 　　③

 끝난 시간 [　]시 [　]분 **1회 분 푸는 데 걸린 시간** [　]분 **5문제 중** [　]개　3번은 정확히 다 써야 정답입니다.　스스로 붙임딱지

家

뜻(훈)　집
소리(음)　가
영어　home 집

집 가

집 가

[집 가는 **집 안에서 돼지를 기르던 모습**을 나타낸 한자입니다.]

가라고 읽으며 집, 가족 등의 뜻이 있습니다.

예문 내 꿈은 건축가야.
= 내 꿈은 건물을 짓는 사람이야.

📖 교과어휘

① **가족**(家 族) 남편과 아내, 부모와 자식, 형제자매처럼 결혼이나 핏줄로 맺어진 관계 국어 1-1(가)
　　집 가 겨레 족
② **가구**(家 具) 집에서 생활하는 데 사용하는 기구 국어 4-1(가)
　　집 가 갖출 구
③ **건축가**(建 築 家) 전문적으로 건물을 세우고 설계하는 사람 가을 2-2
　　세울 건 쌓을 축 집 가
④ **가계부**(家 計 簿) 집안 살림의 수입과 지출을 적는 장부
　　집 가 셀 계 문서 부
⑤ **가전제품**(家 電 製 品) 가정의 일상생활에서 전기를 이용해 쓰는 기계 국어 4-1(가)
　　집 가 번개 전 지을 제 물건 품
⑥ **가보**(家 寶) 대대로 전해 내려오는 집안의 보물
　　집 가 보배 보

---

1 다음 한자의 뜻(훈)과 소리(음)를 써 보세요.

家　　뜻(훈): ＿＿＿＿＿＿＿＿＿　　소리(음): ＿＿＿＿＿＿＿＿＿

2 다음 단어와 뜻을 알맞게 선으로 이어 보세요.

① 家計簿　·
　셀계 문서부

② 建築家　·
　세울건 쌓을축

③ 家寶　·
　보배 보

④ 家電製品 ·
　번개전 지을제 물건품

· 가정에서 쓰는 전기 기계

· 건물을 세우고 설계하는 사람

· 가정의 수입, 지출을 적는 장부

· 대대로 전해 내려오는 집안의 보물

3 다음 **집 가** 한자를 순서대로 써 보세요.

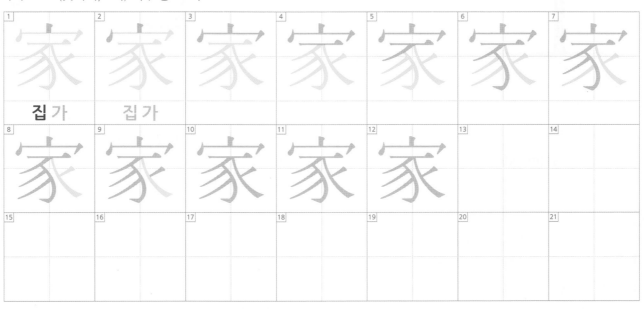

부수 宀 (갓머리, 3획) 획수 총 10획

1 家	2 家	3 家	4 家	5 家	6 家	7 家
집가	**집가**					
8 家	9 家	10 家	11 家	12 家	13	14
15	16	17	18	19	20	21

6
주

29
회

정답
132쪽

4 아래 문장에 알맞은 한자를 골라 보세요.

[1] 이번 주말에 (家族 / 家具)와/과 공원으로 나들이 가기로 했어.

[2] 침대나 식탁 같은 것을 (家族 / 家具)(이)라고 해.

5 다음 그림 중 **집 가** 한자와 관련이 있는 것을 골라 보세요. ·························· [   ]

①    ②    ③

⏱ **끝난 시간** ☐ 시 ☐ 분 **1회 분 푸는 데 걸린 시간** ☐ 분   ⭐ **5문제 중** ☐ 개   3번은 정확히 다 써야 정답입니다.   스스로 붙임딱지

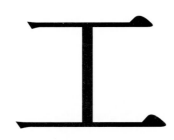

장인 | 장인 공 | 장인 공

뜻(훈)　장인
소리(음)　공

영어　master 장인

[장인 공은 **땅을 다질 때 사용하던 도구의 모양**을 보고 만들었습니다.]

공이라고 읽으며 장인, 일, 솜씨 등의 뜻이 있습니다.

예문 이 장난감은 공장에서 만들어진 거야.
　　= 이 장난감은 기계로 물건을 만드는 곳에서 만들어진 거야.

📖 교과어휘

① **공부**(工 夫) 배우고 익히는 일 　국어 1-1(가)
　　장인 공 지아비 부
② **공장**(工 場) 기계를 이용해 물건을 만드는 곳 　국어 3-2(가)
　　장인 공 마당 장
③ **공사**(工 事) 건물을 짓거나 고치는 것 　국어활동 1-2
　　장인 공 일 사
④ **인공위성**(人 工 衛 星) 지구에서 우주로 쏘아 올려 지구 주위를 도는 기계 　사회 3-1
　　사람 인 장인 공 지킬 위 별 성
⑤ **사공**(沙 工) 뱃사공. 배에서 노를 젓는 사람 　국어 6-1(가)
　　모래 사 장인 공
⑥ **목공**(木 工) 나무로 물건을 만드는 사람
　　나무 목 장인 공

---

1 다음 한자의 뜻(훈)과 소리(음)를 써 보세요.

工　　뜻(훈): ＿＿＿＿＿＿＿＿＿　　소리(음): ＿＿＿＿＿＿＿＿＿

2 다음 단어와 뜻을 알맞게 선으로 이어 보세요.

① 木工 ·
　　나무 목
② 沙工 ·
　　모래 사
③ 工事 ·
　　일 사
④ 工場 ·
　　마당 장

· 나무로 물건을 만드는 사람

· 건물을 짓거나 고치는 것

· 기계로 물건을 만드는 곳

· 배에서 노를 젓는 사람

3 다음 **장인 공** 한자를 순서대로 써 보세요.

부수 工 (장인공, 3획) 획수 총 3획

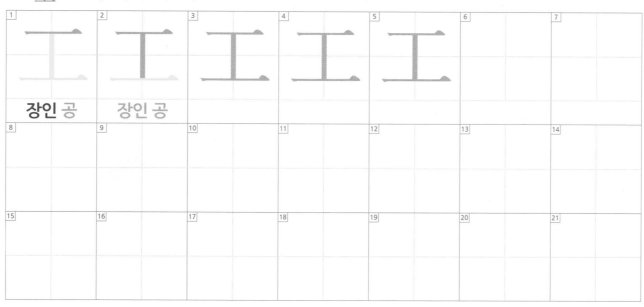

장인 공	장인 공					

4 다음 문장 중 밑줄 친 글자의 한자를 찾아 번호를 써 보세요.

보기
① 自　② 目　③ 工夫　④ 工事

나는 매일 <u>스스로</u> 한자 <u>공부</u>를 해.

5 다음 문장 중 빈칸에 들어갈 알맞은 단어를 골라 보세요. ⋯⋯⋯⋯⋯⋯⋯⋯⋯ [　　　]

　'(　　　)이 많으면 배가 산으로 간다.'는 말이 있습니다. 이 말은 배에서 노를 젓는 사람들이 서로 자신의 의견을 주장하느라 일이 제대로 되지 않는다는 뜻입니다.

① 사공(沙工)
모래 사

② 인공위성(人工衛星)
지킬 위　별 성

③ 공장(工場)
마당 장

 끝난 시간 　시 　분 1회 분 푸는 데 걸린 시간 　분　 5문제 중 　개　3번은 정확히 다 써야 정답입니다.　스스로 붙임딱지

● 다음 한자의 뜻에 알맞은 그림을 골라 보세요.

1 子 ✓①  ②

2 男 ①  ②

3 孝 ①  ②

4 家 ①  ②

5 工 ①  ②

7주차

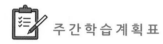 주간학습계획표

회차	학습내용	학습계획일
31회	車 수레 차/거	월 일
32회	記 기록할 기	월 일
33회	市 저자(시장) 시	월 일
34회	場 마당 장	월 일
35회	食 밥 식	월 일

車

수레

수레 차

수레 차

뜻(훈)　수레
소리(음)　차/거
영어　cart 수레

[수레 차/거는 **수레의 모양**을 보고 만들었습니다.]

차 또는 **거**라고 읽으며 수레, 수레바퀴 등의 뜻이 있습니다.

예문 **차**도에서 놀면 위험해!
= 찻길에서 놀면 위험해!

📖 교과어휘

① **자전거**(自 轉 車) 두 발로 바퀴를 굴려서 움직이는 탈것 국어 1-2(가)
　　스스로 자 구를 전 수레 거

② **차도**(車 道) 차가 다니는 길 국어 1-2(가)
　　수레 차 길 도

③ **기차역**(汽 車 驛) 기차가 멈추거나 출발하는 곳 사회 3-1
　　물 끓는 김 기 수레 차 역 역

④ **주차**(駐 車) 차를 일정한 곳에 세워둠 국어활동 3-2
　　머무를 주 수레 차

⑤ **마차**(馬 車) 말이 끌도록 하는 수레 국어 1-2(나)
　　말 마 수레 차

⑥ **하차**(下 車) 차에서 내림
　　아래 하 수레 차

---

1 다음 한자의 뜻(훈)과 소리(음)를 써 보세요.

車　뜻(훈): ＿＿＿＿＿＿＿　소리(음): ＿＿＿＿＿＿＿

2 다음 단어와 뜻을 알맞게 선으로 이어 보세요.

① 馬車 ·
말 마

② 下車 ·
아래 하

③ 車道 ·
길 도

④ 駐車 ·
머무를 주

· 차를 세워둠

· 차가 다니는 길

· 차에서 내림

· 말이 끄는 수레

3 다음 **수레 차** 한자를 순서대로 써 보세요.

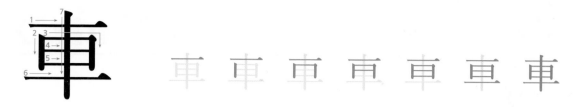

부수 車 (수레차, 7획) 획수 총 7획

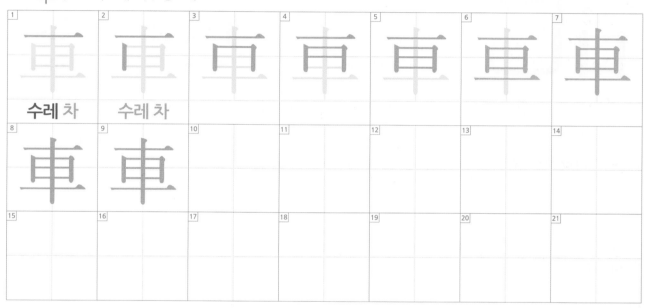

4 다음 내용이 설명하는 단어를 골라 보세요. ·· [　　　]

> 나는 두 발로 바퀴를 굴려서 움직이는 탈것이야. 나는 보통 바퀴가 2개 있지만, 3개 또는 4개인 것도 있어. 타는 법을 처음 배울 때에는 균형을 잡을 수 있도록 누가 잡아주거나 지켜봐 줘.

① 차도(車道)　　　　② 마차(馬車)　　　　③ 자전거(自轉車)
　　길 도　　　　　　　　　　말 마　　　　　　　　　　　구를 전

5 다음 그림 중 **수레 차** 한자와 관련이 <u>없는</u> 것을 골라 보세요. ·········· [　　　]

① 　　　② 　　　③

🕐 끝난 시간 [　]시 [　]분 **1회 분 푸는 데 걸린 시간** [　]분 　⭐ **5문제 중** [　]개　3번은 정확히 다 써야 정답입니다.　스스로 붙임딱지

記

기록하다

기록할 기

기록할 기

뜻(훈)   기록할
소리(음)   기
영어 record 기록하다

[기록할 기는 **말을 기억하기 위해 글로 쓰는 모습**을 나타낸 한자입니다.]

기라고 읽으며 기록하다, 적다, 외우다 등의 뜻이 있습니다.

예문 나는 매일 자기 전에 일기를 써.
= 나는 매일 자기 전에 그날 있었던 일을 글로 써.

교과어휘

① **일기**(日 記) 날마다 있었던 일을 적은 글 ^{국어 1-1(나)}
날 일 기록할 기

② **필기도구**(筆 記 道 具) 글씨를 쓰는 데 필요한 도구 ^{겨울 1-2}
붓 필 기록할 기 길 도 갖출 구

③ **기억**(記 憶) 지난 일을 잊지 않고 가지고 있는 것 ^{국어 1-1(나)}
기록할 기 생각할 억

④ **기사**(記 事) 신문, 잡지 등에서 어떤 사실을 알리는 글 ^{사회 3-1}
기록할 기 일 사

⑤ **기자**(記 者) 신문, 잡지, 방송 등에 기사를 쓰거나 편집하는 사람 ^{가을 2-2}
기록할 기 놈 자

⑥ **암기**(暗 記) 기억할 수 있도록 외움 ^{국어 6-1(가)}
어두울 암 기록할 기

---

1 다음 한자의 뜻(훈)과 소리(음)를 써 보세요.

記   뜻(훈): _____   소리(음): _____

2 다음 단어와 뜻을 알맞게 선으로 이어 보세요.

① 記者 ·
놈 자

② 記憶 ·
생각할 억

③ 暗記 ·
어두울 암

④ 日記 ·
날 일

· 지난 일을 잊지 않고 갖고 있는 것

· 외워서 기억함

· 매일 있었던 일을 적는 글

· 기사를 쓰는 사람

3 다음 **기록할 기** 한자를 순서대로 써 보세요.

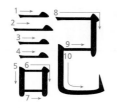

記 記 記 記 記 記 記 記 記 記

부수 言 (말씀언, 7획) 획수 총 10획

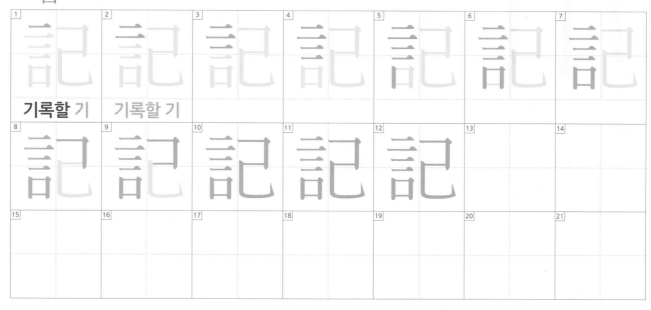

1	2	3	4	5	6	7
記	記	記	記	記	記	記
기록할 기	기록할 기					

8	9	10	11	12	13	14
記	記	記	記	記		

15	16	17	18	19	20	21

4 아래 문장에 알맞은 한자를 골라 보세요.

[1] 교장선생님께서 신문(記者 / 記事)를 읽고 계셨다.

[2] 나는 커서 세상의 소식을 알리는 (記者 / 記事)가 될 거야.

5 다음 문장 중 빈칸에 들어갈 알맞은 단어를 골라 보세요. ································· [　　　　]

> 나는 무엇일까요? 나는 연필, 지우개, 볼펜 등 사람들이 글씨를 쓸 때 필요한 것들이에요.
> 학생들은 나를 주로 필통이나 연필꽂이에 담아 보관해요. 나는 바로 (　　　　)입니다.

① 기자(記者)
　　놈 자

② 필기도구(筆記道具)
　　　붓 필　길 도　갖출 구

③ 일기(日 記)

🕐 끝난 시간 [　]시 [　]분 1회 분 푸는 데 걸린 시간 [　]분 📝 5문제 중 [　]개 3번은 정확히 다 써야 정답입니다.

시장

저자 시

저자 시

뜻(훈)	저자(시장)
소리(음)	시
영어	market 시장

[**저자(시장) 시**는 **시장의 모습**을 나타낸 한자입니다.]

시라고 읽으며 시장, 장사 등의 뜻이 있습니다.

예문 시장에서 꽈배기를 사먹었어.
= 물건을 사고파는 곳에서 꽈배기를 사먹었어.

📖 **교과어휘**

① **시장**(市 場) 물건을 사고파는 장소 가을 1-2
　　저자 시 마당 장
② **도시**(都 市) 사람이 많이 사는 큰 지역 국어 1-1(가)
　　도읍 도 저자 시
③ **시민**(市 民) 한 도시 안에 살고 있는 사람 사회 3-1
　　저자 시 백성 민
④ **시청**(市 廳) 시의 일을 담당해서 처리하는 곳 사회 3-1
　　저자 시 관청 청
⑤ **시외**(市 外) 도시의 밖 사회 4-1
　　저자 시 바깥 외
⑥ **시내**(市 內) 도시의 중심가 국어 2-1(가)
　　저자 시 안 내

1　다음 한자의 뜻(훈)과 소리(음)를 써 보세요.

市　　뜻(훈): _____　　소리(음): _____

2　다음 단어와 뜻을 알맞게 선으로 이어 보세요.

① 都市 ·
　도읍 도
② 市內 ·
　안 내
③ 市外 ·
　바깥 외
④ 市場 ·
　마당 장

· 도시의 중심가

· 사람이 많은 큰 지역

· 물건을 사고파는 곳

· 도시의 밖

3 다음 저자 시 한자를 순서대로 써 보세요.

부수 巾 (수건건, 3획) 획수 총 5획

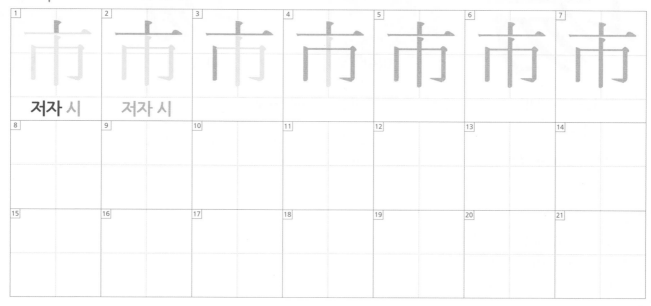

1 市	2 市	3 市	4 市	5 市	6 市	7 市
저자 시	저자 시					
8	9	10	11	12	13	14
15	16	17	18	19	20	21

4 다음 문장 중 밑줄 친 단어의 한자를 찾아 보세요. ·· [   ]

공원에는 벚꽃을 보러 나온 <u>시민</u>들로 가득 찼습니다.

①住民   ②市民   ③道民

5 다음 문장 중 빈칸에 들어갈 알맞은 단어를 골라 보세요. ································· [   ]

저녁 시간이 되자 동네 사람들이 물건을 사기 위해 장바구니를 들고 삼삼오오 (   )
으로 모여듭니다. 반찬거리를 사는 아주머니, 듬뿍듬뿍 담아주는 가게 주인아저씨, 물건을
사고파는 모두가 즐거워 보입니다.

① 시청(市廳)   ② 시민(市民)   ③ 시장(市場)
　관청 청　　　　　　　　　　　　　　　　　　　　　　　마당 장

場

뜻(훈) 마당
소리(음) 장
영어 place 장소

[마당 장은 **햇볕이 잘 드는 마당의 모습**을 나타낸 한자입니다.]

장이라고 읽으며 마당, 장소, 구획 등의 뜻이 있습니다.

예문 만화의 마지막 장면이 무척 인상 깊었다.
= 만화의 마지막 일이 벌어지는 모습이 무척 인상 깊었다.

📖 교과어휘

① **장소**(場 所) 어떤 일이 일어나는 곳. 또는 어떠한 일을 하는 곳 가을 1-2
      마당 장 바 소
② **입장**(入 場) 어느 장소로 들어감 국어 3-2(나)
      들 입 마당 장
③ **장면**(場 面) 어떤 곳에서 무슨 일이 벌어지는 모습 국어 1-1(나)
      마당 장 낯 면
④ **공장**(工 場) 기계를 이용해 물건을 만드는 곳 국어 3-2(가)
      장인 공 마당 장
⑤ **광장**(廣 場) 많은 사람들이 모일 수 있도록 거리에 넓게 만들어 놓은 공간 국어 3-2(나)
      넓을 광 마당 장
⑥ **시장**(市 場) 물건을 사고파는 장소 가을 1-2
      저자 시 마당 장

---

1 다음 한자의 뜻(훈)과 소리(음)를 써 보세요.

場   뜻(훈): _____   소리(음): _____

2 다음 단어와 뜻을 알맞게 선으로 이어 보세요.

① 場所 ·
   바 소
② 工場 ·
   장인 공
③ 場面 ·
   낯 면
④ 廣場 ·
   넓을 광

· 기계로 물건을 만드는 곳

· 거리의 사람들이 모이는 넓은 공간

· 어떤 일이 일어나는 곳

· 어떤 곳에서 일이 벌어지는 모습

3 다음 **마당** 장 한자를 순서대로 써 보세요.

場

부수 土 (흙토, 3획) 획수 총 12획

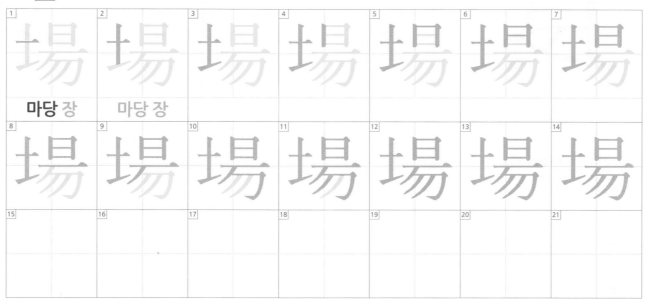

1 場 **마당** 장	2 場 마당 장	3 場	4 場	5 場	6 場	7 場
8 場	9 場	10	11	12	13	14 場
15	16	17	18	19	20	21

4 다음 문장 중 밑줄 친 단어의 한자를 찾아 보세요. .... [　　]

영화를 보기 위해 줄을 서서 차례대로 **입장**했다.

① 入場　　　② 入手　　　③ 入學

5 다음 그림 중 **마당** 장 한자와 관련이 <u>없는</u> 것을 골라 보세요. .... [　　]

① 　　② 　　③

끝난 시간 [　]시 [　]분 **1회 분 푸는 데 걸린 시간** [　]분 **5문제 중** [　]개 3번은 정확히 다 써야 정답입니다. 스스로 붙임딱지

食

뜻(훈) 밥

소리(음) 식

영어 meal 밥

밥

밥 식

밥 식

[**밥 식**은 **음식을 담는 그릇의 모양**을 보고 만들었습니다.]

식이라고 읽으며 밥, 먹다, 음식 등의 뜻이 있습니다.

예문 저녁 식사 시간은 6시야.
= 저녁 밥 먹는 시간은 6시야.

📖 교과어휘

① **음식**(飮 食) 사람이 먹고 마실 수 있도록 만든 모든 것 국어 1·1(나)
　　마실 음 밥 식

② **간식**(間 食) 끼니와 끼니 사이에 간단히 먹는 음식 국어 1·1(가)
　　사이 간 밥 식

③ **급식**(給 食) 학교나 기관에서 구성원들에게 주는 밥 국어 1·2(나)
　　줄 급 밥 식

④ **식사**(食 事) 밥 먹는 일 국어활동 1·2
　　밥 식 일 사

⑤ **외식**(外 食) 밖에서 음식을 사 먹음 국어 2·2(가)
　　바깥 외 밥 식

⑥ **식구**(食 口) 한 집안에서 같이 살면서 밥을 함께 먹는 사람 국어 2·2(가)
　　밥 식 입 구

---

1 다음 한자의 뜻(훈)과 소리(음)를 써 보세요.

食　　뜻(훈): ＿＿＿＿＿＿＿＿＿　　소리(음): ＿＿＿＿＿＿＿＿＿

2 다음 단어와 뜻을 알맞게 선으로 이어 보세요.

① 飮食 ·
　마실 음

② 食事 ·
　　　일 사

③ 給食 ·
　줄 급

④ 外食 ·
　바깥 외

· 밥 먹는 일

· 밖에서 음식을 사 먹음

· 사람이 먹고 마시는 것

· 학교에서 주는 밥

3 다음 **밥 식** 한자를 순서대로 써 보세요.

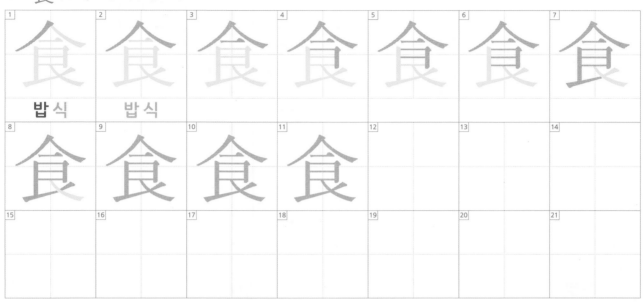

부수 食 (밥식, 9획) 획수 총 9획

1	2	3	4	5	6	7
食 **밥** 식	食 **밥** 식	食	食	食	食	食
8	**9**	**10**	**11**	**12**	**13**	**14**
食	食	食	食			
15	**16**	**17**	**18**	**19**	**20**	**21**

4 다음 내용이 설명하는 단어를 골라 보세요. ·· [　　　]

> 나는 밥을 먹은 다음에 먹는 간단한 음식이야. 과일이나 차, 음료수일 수도 있고, 쿠키나 케이크 또는 아이스크림일 수도 있어!

① 급식(給食)
　　줄 급

② 간식(間食)

③ 외식(外食)

5 다음 낱말 중 **밥 식** 한자와 관련이 <u>없는</u> 것을 골라 보세요. ····························· [　　　]

①

②

③

● 설명에 맞는 한자어를 빈칸에 한글로 써 보세요.

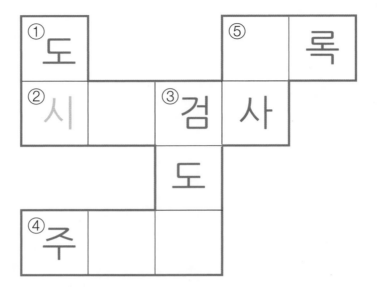

가로

② 視 力 檢 查
볼 **시**　　　검사할 **검**　조사할 **사**

시력을 알기 위해 하는 검사

④ 駐 車 場
머무를 **주**

차를 세워둘 수 있는 공간

⑤ 記 錄
　　기록할 **록**

어떤 사실을 저장하기 위해 적음

세로

① 都 市
도읍 **도**

사람들이 많이 살고 건물, 기관 등이 많은 곳

③ 劍 道 場
칼 **검**　길 **도**

검도를 배우는 곳

⑤ 記 事
　　일 **사**

신문 등에서 사실을 알리는 글

8주차

 주간학습계획표

회차	학습내용		학습계획일
36회	事 일 사		월 일
37회	姓 성씨 성		월 일
38회	名 이름 명		월 일
39회	物 물건 물		월 일
40회	道 길 도		월 일

事

뜻(훈) 일
소리(음) 사
영어 work 일하다

[일 사는 **역사를 기록하는 일을 하는 모습**을 보고 만들었습니다.]

사라고 읽으며 일, 직업, 일삼다 등의 뜻이 있습니다.

예문 시골쥐는 무사히 도시에 도착했다.
= 시골쥐는 아무 문제 없이 도시에 도착했다.

📖 교과어휘

① **인사**(人 事) 만나거나 헤어질 때 하는 말이나 행동 국어 1-1(가)
　　사람 인 일 사
② **식사**(食 事) 밥 먹는 일 국어활동 1-2
　　밥 식 일 사
③ **사실**(事 實) 실제로 있었던 일 국어활동 2-1
　　일 사 열매 실
④ **무사**(無 事) 아무 문제 없이 편안함 국어 2-2(나)
　　없을 무 일 사
⑤ **사물**(事 物) 존재하는 것을 이르는 말 국어 2-2(가)
　　일 사 물건 물
⑥ **사전**(事 前) 어떤 일이 있기 전 사회 3-1
　　일 사 앞 전

---

1 다음 한자의 뜻(훈)과 소리(음)를 써 보세요.

事　　뜻(훈): _____　　소리(음): _____

2 다음 단어와 뜻을 알맞게 선으로 이어 보세요.

① 事實 ·
　 열매 실
② 無事 ·
　 없을 무
③ 事前 ·
　 앞 전
④ 食事 ·
　 밥 식

· 아무 문제 없이 편안함

· 밥 먹는 일

· 실제로 있었던 일

· 어떤 일이 있기 전

3 다음 **일 사** 한자를 순서대로 써 보세요.

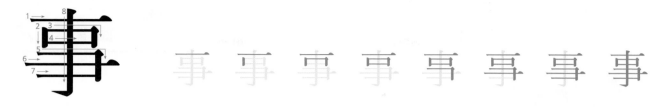

부수 亅 (갈고리궐, 1획) 획수 총 8획

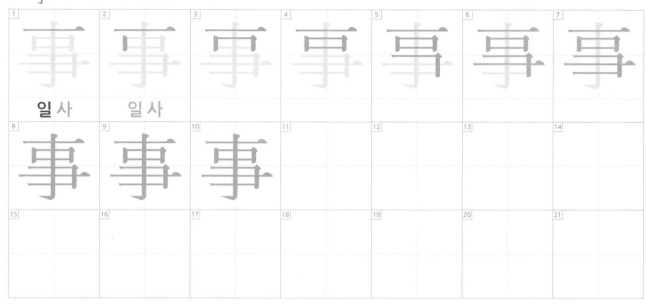

4 다음 문장 중 밑줄 친 단어의 한자를 찾아 보세요. ·················· [   ]

> 학교에 오면 선생님과 친구들에게 **인사**를 합니다.

① 人事   ② 人生   ③ 人口

5 다음 문장 중 밑줄 친 부분이 뜻하는 단어를 골라 보세요. ·················· [   ]

> 옛날에 늑대가 나타났다는 거짓말을 자주 하는 소년이 있었습니다. 그러던 어느 날 진짜로 늑대가 나타났습니다! 소년은 마을 사람들에게 늑대가 나타났다며 **실제로 일어난 일을** 이야기했지만 아무도 믿어주지 않았습니다.

① 식사(食事)   ② 사물(事物)   ③ 사실(事實)
　　　　　　　　　　　　　　　물건 물　　　　　　　　　　열매 실

끝난 시간 [ ]시 [ ]분 **1회 분 푸는 데 걸린 시간** [ ]분 **5문제 중** [ ]개 3번은 정확히 다 써야 정답입니다. 스스로 붙임딱지

8주 36회 정답 134쪽

姓

뜻(훈)　성씨
소리(음)　성

영어 family name 성

성씨

姓 성씨 성　　姓 성씨 성

[성씨 성은 **여자(女)에 의해 태어나는 것(生)이 결정되는 모습**을 보고 만들었습니다.]

성이라고 읽으며 성, 성씨, 백성, 씨족 등의 뜻이 있습니다.

예문 세종대왕은 백성을 위해 한글을 만드셨다.
　　= 세종대왕은 국민을 위해 한글을 만드셨다.

📖 교과어휘

① **성씨**(姓 氏) 성을 높여 부르는 말
　　　성씨 성 성씨 씨
② **성명**(姓 名) 성과 이름
　　　성씨 성 이름 명
③ **성함**(姓 銜) 성명을 높여 부르는 말
　　　성씨 성 재갈 함
④ **백성**(百 姓) 국민　국어 1-2(나)
　　　일백 백 성씨 성
⑤ **동성**(同 姓) 같은 성씨
　　　한가지 동 성씨 성
⑥ **통성명**(通 姓 名) 모르는 사람과 처음으로 인사할 때 성과 이름을 서로 알려 주는 것
　　　통할 통 성씨 성 이름 명

---

1 다음 한자의 뜻(훈)과 소리(음)를 써 보세요.

姓　　뜻(훈): ＿＿＿＿＿＿＿＿＿　　소리(음): ＿＿＿＿＿＿＿＿＿

2 다음 단어와 뜻을 알맞게 선으로 이어 보세요.

① 同姓　・
　한가지 동

② 百姓　・
　일백 백

③ 姓銜　・
　재갈 함

④ 通姓名・
　통할 통　이름 명

・ 같은 성씨

・ 국민

・ 모르는 사람과 서로 성명을 알려 주는 것

・ 성명을 높여 부르는 말

3 다음 **성씨** 성 한자를 순서대로 써 보세요.

부수 女 (여자녀, 3획) 획수 총 8획

1 성씨 성	2 성씨 성	3	4	5	6	7
8	9	10	11	12	13	14
15	16	17	18	19	20	21

4 다음 문장 중 밑줄 친 글자의 한자를 찾아 번호를 써 보세요.

보기 ① 文   ② 父   ③ 姓   ④ 好   ⑤ 金   ⑥ 全

저희 **아버지** 성함은 **김**○자 ○자입니다.

☐ ☐ ☐

5 다음 문장 중 밑줄 친 부분이 뜻하는 단어를 골라 보세요. ·· [   ]

우리나라와 서양은 성과 이름의 순서가 반대입니다. 우리나라에서는 홍길동이라고 말하지만, 서양에서는 길동 홍이라고 말합니다. 그래서 서양에서 **성과 이름**을 쓸 때는 꼭 순서를 주의해야 합니다.

① 성씨(**姓氏**)   ② 백성(**百姓**)   ③ 성명(**姓名**)
성씨 씨   일백 백   이름 명

 끝난 시간 ☐ 시 ☐ 분 1회 분 푸는 데 걸린 시간 ☐ 분 ☆ 5문제 중 ☐ 개 3번은 정확히 다 써야 정답입니다. 스스로 붙임딱지

名

뜻(훈)　이름
소리(음)　명

영어　name 이름

이름

이름　명

이름　명

[**이름 명**은 **어두운 저녁 멀리서 오는 사람이 누구인지 확인하기 위해 이름을 부르던 모습**을 나타낸 한자입니다.]

명이라고 읽으며 이름, 외형, 평판 등의 뜻이 있습니다.

예문　장영실은 조선시대의 유명한 과학자야.
　　　= 장영실은 조선시대의 널리 알려진 과학자야.

📖 **교과어휘**

① **유명**(有 名) 이름이 세상에 널리 알려져 있음　사회 3-1
　　있을 유 이름 명

② **별명**(別 名) 남들이 지어 부르는 다른 이름　국어 2-1(나)
　　다를 별 이름 명

③ **서명**(署 名) 어떤 곳에 자신의 이름을 써 넣음　국어 3-1(나)
　　마을 서 이름 명

④ **익명**(匿 名) 이름을 숨김
　　숨길 익 이름 명

⑤ **명절**(名 節) 설, 추석처럼 그 사회에서 해마다 일정하게 지켜 즐기는 날　국어 1-2(나)
　　이름 명 마디 절

⑥ **명함**(名 銜) 이름과 연락처를 쓴 작은 종이　국어 5-1(나)
　　이름 명 재갈 함

1　다음 한자의 뜻(훈)과 소리(음)를 써 보세요.

名　뜻(훈): _____　소리(음): _____

2　다음 단어와 뜻을 알맞게 선으로 이어 보세요.

① 署名 ·
　마을 서

② 有名 ·
　있을 유

③ 匿名 ·
　숨길 익

④ 名節 ·
　마디 절

· 자신의 이름을 써 넣음

· 설, 추석

· 이름이 널리 알려져 있음

· 이름을 숨김

3 다음 **이름** 명 한자를 순서대로 써 보세요.

名 名 名 名 名 名

부수 口 (입구, 3획) 획수 총 6획

1 名	2 名	3 名	4 名	5 名	6 名	7 名
이름 명	이름 명					
8 名	9	10	11	12	13	14
15	16	17	18	19	20	21

4 아래 문장에 알맞은 한자를 골라 보세요.

[1] 손흥민은 세계적으로 (有名 / 名節)한 선수이다.

[2] 설과 추석은 우리나라의 대표적인 (有名 / 名節)이다.

8 주

38 회

정답 134쪽

5 다음 문장 중 빈칸에 들어갈 알맞은 단어를 골라 보세요. ·································· [   ]

나는 무엇일까요? 나는 그 사람의 특징을 바탕으로 다른 사람들이 지어 부르는 이름이에요.
사람의 이름은 하나이지만 나는 여러 개일 수 있습니다. 나는 바로 (   )이에요.

① 명함(名銜)
재갈 함

② 별명(別名)
다를 별

③ 서명(署名)
마을 서

 끝난 시간 [ ]시 [ ]분 **1회 분 푸는 데 걸린 시간** [ ]분 **5문제 중** [ ]개 3번은 정확히 다 써야 정답입니다. 스스로 붙임딱지

物

물건

물건 물

物
물건 물

뜻(훈)   물건
소리(음)   물
영어 thing 것

[물건 물은 **소를 가장 중요한 물건으로 여기던 모습**을 나타낸 한자입니다.]

물이라고 읽으며 물건, 사물, 만물, 일 등의 뜻이 있습니다.

예문 생일 선물로 필통을 받았어!
= 생일을 축하하는 마음을 담은 물건으로 필통을 받았어!

📖 교과어휘

① **선물**(膳 物) 남에게 축하나 고마움의 뜻으로 물건을 줌 ^{국어 1-1(나)}
  선물 선 물건 물
② **건물**(建 物) 사람이 만든 집 ^{겨울 1-2}
  세울 건 물건 물
③ **사물**(事 物) 존재하는 것을 이르는 말 ^{국어 2-2(가)}
  일 사 물건 물
④ **인물**(人 物) 사람 ^{국어 1-2(가)}
  사람 인 물건 물
⑤ **준비물**(準 備 物) 어딘가에 필요하여 미리 준비해놓는 물건 ^{국어 1-1(나)}
  준할 준 갖출 비 물건 물
⑥ **만물**(萬 物) 세상에 있는 모든 것 ^{국어 4-1(나)}
  일만 만 물건 물

---

1 다음 한자의 뜻(훈)과 소리(음)를 써 보세요.

物   뜻(훈): _____   소리(음): _____

2 다음 단어와 뜻을 알맞게 선으로 이어 보세요.

① 事物 ·
  일 사
② 萬物 ·
  일만 만
③ 建物 ·
  세울 건
④ 準備物 ·
  준할 준 갖출 비

· 사람이 만든 집

· 미리 준비해놓는 물건

· 존재하는 것

· 세상에 있는 모든 것

3 다음 **물건 물** 한자를 순서대로 써 보세요.

物   物 物 物 物 物 物 物 物

부수 牛 (소우, 4획) 획수 총 8획

1 物	2 物	3 物	4 物	5 物	6 物	7 物
물건 물	물건 물					
8 物	9 物	10 物	11	12	13	14
15	16	17	18	19	20	21

4 다음 문장 중 밑줄 친 단어의 한자를 찾아 보세요. ·· [   ]

나도 영화에 나오는 **인물**처럼 용감한 사람이 되고 싶어.

① 人間   ② 人物   ③ 人生

5 다음 그림 중 **물건 물** 한자와 관련이 <u>없는</u> 것을 골라 보세요. ································ [   ]

①    ②    ③

道

뜻(훈)　길
소리(음)　도
영어　road 길

길

道 길　도

道 길　도

[길 도는 **사람이 길을 걷는 모습**을 나타낸 한자입니다.]

도라고 읽으며 길, 도리, 이치 등의 뜻이 있습니다.

예문 선생님께서 복도에 우리의 그림을 걸어두셨다.
　　= 선생님께서 긴 통로에 우리의 그림을 걸어두셨다.

📖 교과어휘

① **복도**(複 道) 건물 안의 긴 통로 〔국어 2-1(가)〕
　　겹칠 복 길 도
② **횡단보도**(橫 斷 步道) 차가 다니는 길 위를 사람이 가로로 지나다닐 수 있게 만들어 놓은 길 〔국어활동 1-2〕
　　가로 횡 끊을 단 걸음 보 길 도
③ **도로**(道 路) 사람이나 차가 다니는 길 〔국어활동 1-1〕
　　길 도 길 로
④ **인도**(人 道) 사람이 다니는 길 〔사회 4-1〕
　　사람 인 길 도
⑤ **차도**(車 道) 차가 다니는 길 〔국어 1-2(가)〕
　　수레 차 길 도
⑥ **태권도**(跆 拳 道) 우리나라 전통 무예 〔국어활동 1-1〕
　　밟을 태 주먹 권 길 도

---

1 다음 한자의 뜻(훈)과 소리(음)를 써 보세요.

道　뜻(훈): ＿＿＿＿＿＿＿＿　소리(음): ＿＿＿＿＿＿＿＿

2 다음 단어와 뜻을 알맞게 선으로 이어 보세요.

① 人道　·
　사람 인
② 複道　·
　겹칠 복
③ 車道　·
　수레 차
④ 跆拳道 ·
　밟을 태 주먹 권

· 건물 안의 긴 통로

· 우리나라 전통 무예

· 사람이 다니는 길

· 차가 다니는 길

3 다음 **길 도** 한자를 순서대로 써 보세요.

道 道 道 道 道 道 道 道 道
道 道 道 道

부수 辶 (책받침, 4획) 획수 총 13획

1 道 **길** 도	2 道 **길** 도	3 道	4 道	5 道	6 道	7 道
8 道	9 道	10 道	11 道	12 道	13 道	14 道
15 道	16	17	18	19	20	21

4 다음 내용이 설명하는 단어를 골라 보세요. ⋯⋯⋯⋯⋯⋯⋯⋯⋯⋯⋯ [   ]

> 나는 차가 다니는 길 위를 사람이 지날 수 있게 만들어 놓은 길이야. 나를 건널 땐 초록불인지 확인하고, 차가 멈췄는지 좌우를 잘 살피면서 손을 들고 건너야 해!

① 차도(車道)

② 횡단보도(橫斷步道)
　　　　　　가로 횡　끊을 단　걸음 보

③ 인도(人道)

5 다음 그림 중 **길 도** 한자와 관련이 <u>없는</u> 것을 골라 보세요. ⋯⋯⋯⋯⋯ [   ]

①

②

③

8
주

40
회

정답
134쪽

끝난 시간 [ ]시 [ ]분 1회 분 푸는 데 걸린 시간 [ ]분   5문제 중 [ ]개 3번은 정확히 다 써야 정답입니다. 스스로 붙임딱지

● 밑줄 친 글자의 한자를 찾아 번호를 써 보세요.

우체국에서는 편지와 택배를 보내주는 **일**을 합니다.

택배를 보내려면 우선, **물건**이 배달 중에 깨지지 않도록 상자에 잘 넣습니다.

그런 다음 상자 위에 보내는 사람과 받는 사람의 **이름**과 주소, 연락처를 적습니다. 마지막으로 택배를 접수하고 배송 요금을 냅니다.

그럼, 택배 보내기 완료입니다!

보기   ① 事 ② 姓 ③ 名 ④ 物 ⑤ 道

（①事 위 말풍선: 일 사）

9주차

 주간학습계획표

회차	학습내용		학습계획일
41회	江 강 강		☐ 월 ☐ 일
42회	海 바다 해		☐ 월 ☐ 일
43회	電 번개 전		☐ 월 ☐ 일
44회	氣 기운 기		☐ 월 ☐ 일
45회	活 살 활		☐ 월 ☐ 일

江

뜻(훈) 강
소리(음) 강
영어 river 강

강 강 강

[강 강은 **물이 흐르는 큰 강의 모양**을 보고 만들었습니다.]

강이라고 읽으며 강, 물의 이름 등의 뜻이 있습니다.

예문 우리의 아름다운 강산을 보호하자!
= 우리의 아름다운 강과 산을 보호하자!

📖 교과어휘

① **강산**(江 山) 강과 산. 자연 겨울 1-2
강 강 메 산
② **한강**(漢 江) 서울 가운데를 가로지르는 강 사회 3-1
한나라 한 강 강
③ **강원도**(江 原 道) 서울 동쪽에 있는 도 사회 3-1
강 강 언덕 원 길 도
④ **강변**(江 邊) 강의 주변. 강가
강 강 가 변
⑤ **강촌**(江 村) 강가에 있는 마을
강 강 마을 촌

1 다음 한자의 뜻(훈)과 소리(음)를 써 보세요.

江   뜻(훈): _____   소리(음): _____

2 다음 단어와 뜻을 알맞게 선으로 이어 보세요.

① 江村 ·
마을 촌
② 漢江 ·
한나라 한
③ 江山 ·
메 산
④ 江原道 ·
언덕 원 길 도

· 서울을 가로지르는 강

· 강가에 있는 마을

· 강과 산

· 서울 동쪽에 있는 도

3 다음 강 강 한자를 순서대로 써 보세요.

부수 氵(삼수변, 3획) 획수 총 6획

1	2	3	4	5	6	7
江 **강**강	江 강강	江	江	江	江	江
8 江	9	10	11	12	13	14
15	16	17	18	19	20	21

4 다음 문장 중 밑줄 친 글자의 한자를 찾아 번호를 써 보세요.

보기   ① 一   ② 日   ③ 百   ④ 川   ⑤ 江   ⑥ 工

일요**일**에 친구와 한**강**에서 자전거를 타고 놀았어.

☐   ☐

5 다음 그림 중 강 강 한자와 관련이 있는 것을 골라 보세요. ⋯⋯⋯⋯⋯⋯⋯⋯⋯⋯⋯ [   ]

①    ②    ③

9주 41회 정답 135쪽

🕐 끝난 시간 ☐ 시 ☐ 분 **1회 분 푸는 데 걸린 시간** ☐ 분   📋 **5문제 중** ☐ 개   3번은 정확히 다 써야 정답입니다.   스스로 붙임딱지

海

뜻(훈) 　바다
소리(음) 　해
영어 sea 바다

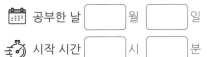
바다

바다 해

바다 해

[**바다 해**는 **바다의 모습**을 나타낸 한자입니다.]

해라고 읽으며 바다, 바닷물, 널리, 크다 등의 뜻이 있습니다.

예문 여름이 되면 해수욕장에 사람이 많아진다.
　　 = 여름이 되면 물놀이 하는 바닷가에 사람이 많아진다.

📖 **교과어휘**

① **해외**(海 外) 바다 밖 다른 나라. 외국 　사회 3-1
　　 바다 해 바깥 외
② **해수욕장**(海 水 浴 場) 물놀이를 할 수 있는 환경과 시설을 갖춘 바닷가 　사회 4-1
　　 바다 해 물 수 목욕할 욕 마당 장
③ **동해**(東 海) 우리나라 동쪽에 있는 바다 　겨울 1-2
　　 동녘 동 바다 해
④ **해녀**(海 女) 바다 속으로 잠수해 해삼, 전복 등을 따는 일을 하는 여자
　　 바다 해 여자 녀
⑤ **해안**(海 岸) 바다와 육지가 만나는 부분 　국어 3-1(나)
　　 바다 해 언덕 안
⑥ **해산물**(海 産 物) 바다에서 나는 먹거리
　　 바다 해 낳을 산 물건 물

---

1 다음 한자의 뜻(훈)과 소리(음)를 써 보세요.

海　뜻(훈): ＿＿＿＿＿＿＿＿＿　소리(음): ＿＿＿＿＿＿＿＿＿

2 다음 단어와 뜻을 알맞게 선으로 이어 보세요.

① 海外 ·
　　바깥 외
② 海女 ·
　　여자 녀
③ 海岸 ·
　　언덕 안
④ 海産物 ·
　　낳을 산 물건 물

· 바다와 육지가 만나는 부분

· 바다 밖 외국

· 바다에서 나는 먹거리

· 바다로 잠수해서 해물을 따는 사람

3 다음 **바다** 해 한자를 순서대로 써 보세요.

海海海海海海海海海海

부수 氵(삼수변, 3획) 획수 총 10획

1 海	2 海	3 海	4 海	5 海	6 海	7 海
바다 해	바다 해					
8 海	9 海	10 海	11 海	12 海	13	14
15	16	17	18	19	20	21

4 다음 내용이 설명하는 단어를 골라 보세요. ·· [   ]

> 나는 물놀이를 할 수 있는 환경과 시설을 갖춘 바닷가야. 특히 여름이면 많은 사람들이 놀러오지. 바닷가에서 물놀이를 하거나 모래사장에서 모래를 가지고 놀고, 갯벌에서 조개를 잡기도 해!

① 해수욕장(**海水浴場**)　② 산림욕장(**山林浴場**)　③ 재래시장(**在來市場**)
　　　　목욕할 욕　　　　　　　　수풀 림 목욕할 욕　　　　　　있을 재 올 래

5 다음 그림 중 **바다** 해 한자와 관련이 있는 것을 골라 보세요. ······················· [   ]

① 　② 　③

9
주

42
회

정답
135쪽

끝난 시간 [ ]시 [ ]분　1회 분 푸는 데 걸린 시간 [ ]분　⭐5문제 중 [ ]개　3번은 정확히 다 써야 정답입니다.　스스로 붙임딱지

電

 번개

 번개 전

 번개 전

뜻(훈)　번개

소리(음)　전

영어　electricity 전기

[**번개 전**은 **비구름 사이로 벼락이 떨어지는 모습**을 나타낸 한자입니다.]

전이라고 읽으며 번개, 전기, 빠름, 번쩍이다 등의 뜻이 있습니다.

예문 갑자기 정전돼서 깜깜해졌어!
　　 = 갑자기 전기가 끊어져서 깜깜해졌어!

교과어휘

① **전기**(電 氣) 물질 안에 있는 전자의 움직임으로 생기는 에너지　국어활동 1-2
　　번개 전 기운 기

② **전화기**(電 話 機) 멀리 있는 사람과 이야기를 주고받을 수 있도록 한 기계　국어활동 1-1
　　번개 전 말씀 화 틀 기

③ **전구**(電 球) 전기의 힘으로 빛을 내는 기구
　　번개 전 공 구

④ **충전**(充 電) 전지에 전기 에너지를 모으는 것
　　채울 충 번개 전

⑤ **정전**(停 電) 공급되던 전기가 잠시 끊어짐
　　머무를 정 번개 전

⑥ **가전**(家 電) 가정에서 사용하는 전기 제품　겨울 1-2
　　집 가 번개 전

---

1 다음 한자의 뜻(훈)과 소리(음)를 써 보세요.

電　　뜻(훈): ＿＿＿＿＿＿＿＿＿　　소리(음): ＿＿＿＿＿＿＿＿＿

2 다음 단어와 뜻을 알맞게 선으로 이어 보세요.

① 電氣 ·
　　기운 기

② 電球 ·
　　공 구

③ 家電 ·
　　집 가

④ 充電 ·
　　채울 충

· 전기로 빛을 내는 기구

· 가정에서 쓰는 전기 제품

· 전지에 전기를 모으는 것

· 전자의 움직임으로 생기는 에너지

3 다음 **번개 전** 한자를 순서대로 써 보세요.

부수 雨 (비우, 8획) 획수 총 13획

1 電 번개 전	2 電 번개 전	3 電	4 電	5 電	6 電	7 電
8 電	9 電	10 電	11 電	12 電	13 電	14 電
15 電	16	17	18	19	20	21

4 다음 내용이 설명하는 단어를 골라 보세요. ·································· [   ]

> 나는 멀리 떨어져 있는 사람과 이야기를 주고받을 수 있도록 해주는 기계야. 옛날에는 내가 없어서 서로 이야기를 나누고 싶으면 직접 찾아가거나 편지를 보내야 해서 시간이 오래 걸렸어.

① 전화기(電話機)
말씀화 틀기

② 타악기(打樂器)
칠타 노래악 그릇기

③ 소화기(消火器)
사라질소 그릇기

5 다음 그림 중 **번개 전** 한자와 관련이 <u>없는</u> 것을 골라 보세요. ·················· [   ]

①

②

③

⏰ 끝난 시간 [ ]시 [ ]분 **1회 분 푸는 데 걸린 시간** [ ]분 **5문제 중** [ ]개 3번은 정확히 다 써야 정답입니다. 스스로 붙임딱지

氣

뜻(훈)　기운
소리(음)　기

영어 energy 기운

 기운

 기운　기　 기운　기

[기운 기는 **밥에서 수증기가 나는 모습**을 보고 만들었습니다.]

기라고 읽으며 기운, 기세, 날씨 등의 뜻이 있습니다.

예문 이 꽃에서 향기가 나!
= 이 꽃에서 좋은 냄새가 나!

📖 **교과어휘**

① **기분**(氣 分) 좋고 나쁨 등의 감정을 나타내는 것 　국어 1-1(가)
　　기운 기 나눌 분
② **감기**(感 氣) 열이 나고 목이 아프거나 콧물이 나는 병 　겨울 1-2
　　느낄 감 기운 기
③ **용기**(勇 氣) 씩씩하고 굳센 기운 　국어 2-1(가)
　　날랠 용 기운 기
④ **향기**(香 氣) 좋은 냄새 　국어 2-2(나)
　　향기 향 기운 기
⑤ **인기**(人 氣) 사람들의 관심이나 좋아하는 기운 　국어 3-1(가)
　　사람 인 기운 기
⑥ **연기**(煙 氣) 물건이 불에 탈 때 생기는 기체 　국어 2-2(나)
　　연기 연 기운 기

---

1 다음 한자의 뜻(훈)과 소리(음)를 써 보세요.

氣　　뜻(훈): _____　　소리(음): _____

2 다음 단어와 뜻을 알맞게 선으로 이어 보세요.

① 煙氣 ·
　연기 연
　　　　　　　　　　　　· 씩씩하고 굳셈

② 氣分 ·
　　나눌 분
　　　　　　　　　　　　· 물건이 불에 탈 때 생기는 기체

③ 勇氣 ·
　날랠 용
　　　　　　　　　　　　· 사람들의 관심

④ 人氣 ·
　사람 인
　　　　　　　　　　　　· 감정을 나타내는 것

3 다음 **기운 기** 한자를 순서대로 써 보세요.

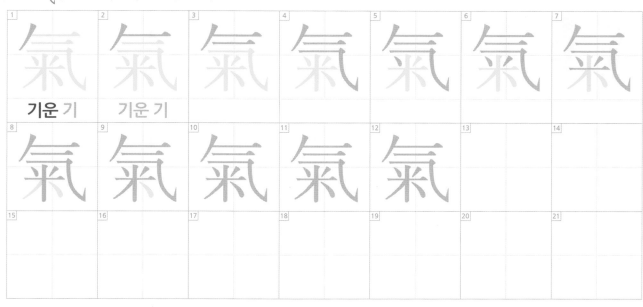

부수 气 (기운기엄, 4획) 획수 총 10획

¹ 氣	² 氣	³ 氣	⁴ 氣	⁵ 氣	⁶ 氣	⁷ 氣
기운 기	기운 기					
⁸ 氣	⁹ 氣	¹⁰ 氣	¹¹ 氣	¹² 氣	¹³	¹⁴
¹⁵	¹⁶	¹⁷	¹⁸	¹⁹	²⁰	²¹

4 다음 문장 중 밑줄 친 단어의 한자를 찾아 보세요. ⋯⋯⋯⋯⋯⋯⋯⋯⋯⋯⋯⋯⋯⋯ [   ]

어젯밤 창문을 열고 잤더니 **감기**에 걸렸어.

① 感動   ② 感性   ③ 感氣

5 다음 그림 중 **기운 기** 자와 관련이 <u>없는</u> 것을 골라 보세요. ⋯⋯⋯⋯⋯⋯⋯⋯ [   ]

①    ②    ③

🕐 끝난 시간 [   ]시 [   ]분 **1회 분 푸는 데 걸린 시간** [   ]분 ⭐ **5문제 중** [   ]개 3번은 정확히 다 써야 정답입니다. 스스로 붙임딱지

活

뜻(훈)　살
소리(음)　활

영어 live 살다

살다

活
살 활

活
살 활

[**살 활**은 **혀에 침이 고여 있는 모습**을 나타낸 한자입니다.]

활이라고 읽으며 살다, 살아있다 등의 뜻이 있습니다.

예문 민지는 활발한 성격이야.
= 민지는 생기 있고 힘찬 성격이야.

📖 교과어휘

① **생활**(生 活) 사람이나 동물이 움직이며 살아감 국어 1-1(가)
　　　날 생 살 활

② **활동**(活 動) 몸을 움직여 행동함 국어 1-1(가)
　　　살 활 움직일 동

③ **활발**(活 潑) 생기 있고 힘참 국어 3-1(나)
　　　살 활 물 뿌릴 발

④ **활용**(活 用) 이리저리 잘 이용함 국어 1-1(가)
　　　살 활 쓸 용

⑤ **재활용**(再 活 用) 낡거나 못 쓰게 된 물건을 용도를 바꾸거나 손질하여 다시 씀 겨울 1-2
　　　두 재 살 활 쓸 용

⑥ **활약**(活 躍) 어떤 일에서 눈길을 끌 만큼 뛰어나게 활동함 국어 6-1(나)
　　　살 활 뛸 약

---

1 다음 한자의 뜻(훈)과 소리(음)를 써 보세요.

活　　뜻(훈): _____　　소리(음): _____

2 다음 단어와 뜻을 알맞게 선으로 이어 보세요.

① 生活 ·
　날 생

② 活用 ·
　쓸 용

③ 活動 ·
　움직일 동

④ 活躍 ·
　뛸 약

· 이리저리 잘 이용함

· 어떤 일에서 뛰어나게 활동함

· 몸을 움직여 행동함

· 사람, 동물이 움직이며 살아감

3 다음 **살 활** 한자를 순서대로 써 보세요.

活 活 活 活 活 活 活 活 活

부수 氵 (삼수변, 3획) 획수 총 9획

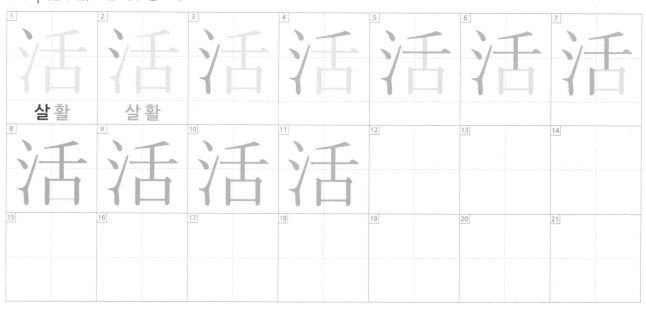

살 활   살 활

4 다음 문장 중 밑줄 친 단어의 한자를 찾아 보세요. ·· [   ]

> 우유갑과 플라스틱 병을 **재활용**해서 장난감을 만들었어.

① 再活用   ② 再生産   ③ 再放送

5 다음 문장 중 밑줄 친 부분이 뜻하는 단어를 골라 보세요. ······························· [   ]

> <u>사람과 동물이 움직이며 살아가는</u> 시간대는 낮과 밤으로 나누어집니다.
> 우리 인간은 대부분 낮에 활동하고 밤에 잠을 자지만, 동물들 중에서는 박쥐나 올빼미처럼 밤에
> 활동하는 동물도 있습니다.

① 활약(活躍)   ② 활발(活潑)   ③ 생활(生活)
　　　뛸 약　　　　　　　　　물 뿌릴 발

끝난 시간 ☐ 시 ☐ 분 1회 분 푸는 데 걸린 시간 ☐ 분 ★ 5문제 중 ☐ 개 3번은 정확히 다 써야 정답입니다. 스스로 붙임딱지

● 그림을 보고 밑줄 친 글자의 한자를 찾아 번호를 써 보세요.

우리가 **살고** 있는 지구의 70%는 **바다**로 이루어져 있습니다.
　　⑤　　　　　　　　　　　　　　□

우리 주변의 크고 작은 **강**들을 따라 가다보면 그 끝에는 바다가 나옵니다.
　　　　　　　　　　　　□　　　　　　　　　　　　　□

바닷물은 뜨거운 햇빛을 받으면 수증**기**가 되어 하늘로 올라갑니다.
　　　　　　　　　　　　　　　　　□

하늘에서 구름으로 뭉친 수증기들은 비가 되어 다시 땅과 바다로 내립니다.

*수증기: 물이 연기처럼 기체 상태로 있는 것

보기　① 江　② 海　③ 電　④ 氣　⑤ 活 _{살 활}

10주차

 주간학습계획표

회차	학습내용		학습계획일	
46회	話 말씀 화		☐ 월	☐ 일
47회	答 대답 답		☐ 월	☐ 일
48회	動 움직일 동		☐ 월	☐ 일
49회	農 농사 농		☐ 월	☐ 일
50회	漢 한나라 한		☐ 월	☐ 일

話

뜻(훈) 말씀
소리(음) 화
영어 talk 말하다

말씀

말씀 화

말씀 화

[말씀 화는 **혀를 움직여 말하는 모습**을 나타낸 한자입니다.]

화라고 읽으며 말씀, 이야기 등의 뜻이 있습니다.

예문 대화를 할 때는 상대방을 봐야 해.
= 서로 마주하여 이야기를 주고받을 때는 상대방을 봐야 해.

📖 교과어휘

① **동화**(童 話) 어린이를 위하여 동심을 바탕으로 지은 이야기 가을 1-2
　　　아이 동 말씀 화
② **전화**(電 話) 전화기를 사용해 말을 주고받는 것 국어 1-2(나)
　　　번개 전 말씀 화
③ **대화**(對 話) 서로 마주하여 이야기를 주고받음 국어 1-1(나)
　　　대할 대 말씀 화
④ **신화**(神 話) 예로부터 사람들 사이에서 말로 전해져 오는 신을 중심으로 한 이야기 국어 4-2(가)
　　　귀신 신 말씀 화
⑤ **우화**(寓 話) 동식물이나 사물을 사람처럼 주인공으로 등장시켜 풍자와 교훈의 뜻을 담은 이야기
　　　부칠 우 말씀 화

---

1 다음 한자의 뜻(훈)과 소리(음)를 써 보세요.

話　　　뜻(훈): _____　　　소리(음): _____

---

2 다음 단어와 뜻을 알맞게 선으로 이어 보세요.

① 電話 ·
　　번개 전
② 對話 ·
　　대할 대
③ 童話 ·
　　아이 동
④ 神話 ·
　　귀신 신

· 마주하여 이야기를 주고받음

· 어린이를 위한 이야기

· 전화기로 말을 주고받는 것

· 신이 중심인 옛 이야기

3 다음 **말씀 화** 한자를 순서대로 써 보세요.

부수 言 (말씀언, 7획) 획수 총 13획

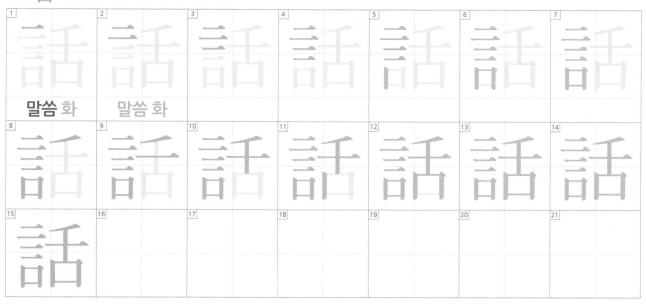

1	2	3	4	5	6	7
말씀 화	말씀 화					
8	9	10	11	12	13	14
15	16	17	18	19	20	21

4 다음 내용이 설명하는 단어를 골라 보세요. ·· [　]

나는 '토끼와 거북이'나 '여우와 두루미'처럼 동물이나 식물 또는 사물을 사람처럼 주인공
으로 만들어서 풍자와 교훈을 주는 이야기야.

① 신화(神話)　　　　② 우화(寓話)　　　　③ 대화(對話)
　　귀신 신　　　　　　　　부칠 우　　　　　　　　대할 대

5 다음 그림 중 **말씀 화** 한자와 관련이 <u>없는</u> 것을 골라 보세요. ···················· [　]

① 　　② 　　③

答

대답

대답 답

대답 답

뜻(훈)   대답

소리(음)   답

영어 answer 대답

[대답 답은 **종이가 없던 옛날에 대나무에 써서 답하는 모습**을 나타낸 한자입니다.]

답이라고 읽으며 대답, 해답, 대답하다, 회답하다 등의 뜻이 있습니다.

예문 친구에게 답장을 썼어.
  = 친구에게 받은 편지에 답하는 글을 썼어.

📖 교과어휘

① **대답**(對 答) 묻거나 부르는 말에 대하여 말함 국어 1-1(나)
   대할 대 대답 답
② **정답**(正 答) 옳은 답 가을 1-2
   바를 정 대답 답
③ **답장**(答 狀) 받은 편지에 답하여 보내는 편지
   대답 답 문서 장
④ **보답**(報 答) 은혜를 갚음 사회 3-1
   갚을 보 대답 답
⑤ **동문서답**(東 問 西 答) 질문과는 전혀 상관없는 엉뚱한 대답
   동녘 동 물을 문 서녘 서 대답 답
⑥ **응답**(應 答) 받은 질문이나 부름에 응하여 답함 국어 5-1(나)
   응할 응 대답 답

1 다음 한자의 뜻(훈)과 소리(음)를 써 보세요.

答 뜻(훈): _____ 소리(음): _____

2 다음 단어와 뜻을 알맞게 선으로 이어 보세요.

① 應答 ·
   응할 응

② 對答 ·
   대할 대

③ 報答 ·
   갚을 보

④ 答狀 ·
   문서 장

· 은혜를 갚음

· 받은 질문이나 부름에 응하여 답함

· 받은 편지에 답하는 편지

· 묻거나 부르는 말에 대해 말함

3 다음 **대답** 답 한자를 순서대로 써 보세요.

부수 竹 (대죽, 6획) 획수 총 12획

1 답	2	3	4	5	6	7
대답 답	대답 답					
8	9	10	11	12	13	14
15	16	17	18	19	20	21

4 아래 문장에 알맞은 한자를 골라 보세요.

[1] 선생님이 부르시면 "네"하고 (對答 / 正答)합니다.

[2] 문제를 다 풀고 (對答 / 正答)을 확인합니다.

5 다음 문장 중 빈칸에 들어갈 알맞은 단어를 찾아 보세요. ·························· [   ]

> (   )은 동쪽을 물어봤는데 서쪽을 답한다는 뜻으로, 질문과는 전혀 상관없는 엉뚱한 대답을 뜻합니다.

① 동서남북(東西南北)   ② 동문서답(東問西答)   ③ 우왕좌왕(右往左往)
물을 문   갈 왕

끝난 시간 ☐ 시 ☐ 분 **1회 분 푸는 데 걸린 시간** ☐ 분   ⭐ **5문제 중** ☐ 개   3번은 정확히 다 써야 정답입니다.   스스로 붙임딱지

動

움직이다

움직일 동   움직일 동

뜻(훈)   움직일

소리(음)   동

영어 move 움직이다

[움직일 동은 **무거운 물건도 힘을 주면 움직이는 모습**을 나타낸 한자입니다.]

동이라고 읽으며 움직이다, 옮기다, 흔들리다 등의 뜻이 있습니다.

예문 우리는 체육 시간에 선생님의 동작을 따라 했다.

= 우리는 체육 시간에 선생님의 움직임을 따라 했다.

📖 교과어휘

① **동물**(動 物) 식물과 달리 스스로 이동할 수 있는 생물 국어 1-1(가)
   움직일 동 물건 물

② **운동**(運 動) 건강을 위해 몸을 움직이는 일 가을 1-2
   옮길 운 움직일 동

③ **동작**(動 作) 몸이나 손발을 움직임 국어 1-2(가)
   움직일 동 지을 작

④ **자동**(自 動) 스스로 움직임 국어 2-1(나)
   스스로 자 움직일 동

⑤ **동영상**(動 映 像) 움직이는 모습을 찍어 보여주는 것 국어 1-2(나)
   움직일 동 비칠 영 모양 상

⑥ **노동**(勞 動) 몸을 움직여 일을 함 국어활동 4-1
   일할 노 움직일 동

---

1 다음 한자의 뜻(훈)과 소리(음)를 써 보세요.

動   뜻(훈): _____   소리(음): _____

2 다음 단어와 뜻을 알맞게 선으로 이어 보세요.

① 自動
   스스로 자

② 動作
   지을 작

③ 勞動
   일할 노

④ 動映像
   비칠 영 모양 상

· 몸을 움직여 일을 함

· 움직이는 모습을 찍어 보여주는 것

· 스스로 움직임

· 몸이나 손발을 움직임

3 다음 **움직일 동** 한자를 순서대로 써 보세요.

動 動 動 動 動 動 動 動 動 動 動

부수 力 (힘력, 2획) 획수 총 11획

1 動	2 動	3 動	4 動	5 動	6 動	7 動
움직일 동	**움직일** 동					
8 動	9 動	10 動	11 動	12 動	13 動	14
15	16	17	18	19	20	21

4 아래 문장에 알맞은 한자를 골라 보세요.

[1] 이 문은 지나가면 (自動 / 動物)(으)로 열려.

[2] 나는 (自動 / 動物) 중에서 강아지와 기린을 가장 좋아해.

5 다음 그림 중 **움직일 동** 한자와 관련이 있는 것을 골라 보세요. ···································· [　　]

① 　　　② 　　　③

끝난 시간 [　]시 [　]분　1회 분 푸는 데 걸린 시간 [　]분　 5문제 중 [　]개　3번은 정확히 다 써야 정답입니다.　스스로 붙임딱지

農

뜻(훈)　농사
소리(음)　농
영어　farming 농사

[농사 농은 **농기구로 밭을 가는 모습**을 나타낸 한자입니다.]

농이라고 읽으며 농사, 농부, 백성 등의 뜻이 있습니다.

예문 농부에게 감사하는 마음으로 밥을 먹자.
　　= 농사를 짓는 사람에게 감사하는 마음으로 밥을 먹자.

📖 교과어휘

① **농사**(農 事) 논밭을 갈아 곡식이나 채소 등을 심어 기르고 거두는 일 가을 1-2
　　농사 농 일 사
② **농부**(農 夫) 농사를 짓는 사람 국어 1-2(나)
　　농사 농 지아비 부
③ **농장**(農 場) 농작물을 기르거나 가축을 기르는 곳 국어 1-2(가)
　　농사 농 마당 장
④ **농기구**(農 器 具) 농사를 짓는 데 사용되는 도구 국어 4-1(가)
　　농사 농 그릇 기 갖출 구
⑤ **농작물**(農 作 物) 논밭에 심어 가꾸는 곡식이나 채소 국어활동 1-2
　　농사 농 지을 작 물건 물

---

1 다음 한자의 뜻(훈)과 소리(음)를 써 보세요.

農　　뜻(훈): ＿＿＿＿＿＿＿　　소리(음): ＿＿＿＿＿＿＿

2 다음 단어와 뜻을 알맞게 선으로 이어 보세요.

① 農事　　　　　　　　　　　　• 논밭에서 가꾸는 곡식, 채소
　　일 사

② 農夫　　　　　　　　　　　　• 논밭에 곡식이나 채소 등을 심고 거두는 일
　　지아비 부

③ 農器具　　　　　　　　　　　• 농사를 짓는 사람
　　그릇 기 갖출 구

④ 農作物　　　　　　　　　　　• 농사를 짓는 데 사용되는 도구
　　지을 작 물건 물

3 다음 **농사 농** 한자를 순서대로 써 보세요.

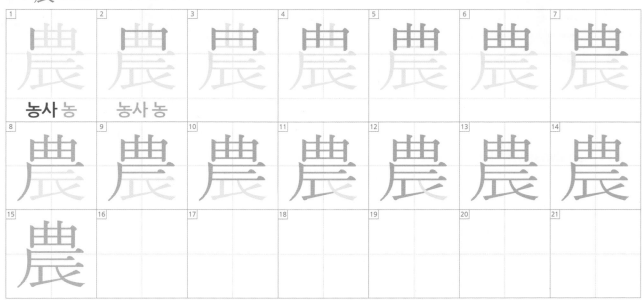

부수 辰 (별진, 7획) 획수 총 13획

1 農	2 農	3 農	4 農	5 農	6 農	7 農
농사 농	농사 농					
8 農	9 農	10 農	11 農	12 農	13 農	14 農
15 農	16	17	18	19	20	21

4 다음 문장 중 밑줄 친 단어의 한자를 찾아 보세요. ·················· [   ]

> 딸기 **농장**에 가서 딸기 따기 체험을 했어!

① 農場   ② 立場   ③ 廣場

5 다음 그림 중 **농사 농** 한자와 관련이 <u>없는</u> 것을 골라 보세요. ·················· [   ]

①  ②  ③

10주 49회 정답 136쪽

⏰ 끝난 시간 [   ]시 [   ]분 **1회 분 푸는 데 걸린 시간** [   ]분 ⭐ **5문제 중** [   ]개 3번은 정확히 다 써야 정답입니다. 스스로 붙임딱지

漢

뜻(훈)   한나라

소리(음)   한

영어 | han dynasty 한나라

漢 한나라 한

[**한나라 한**은 **진흙이 많은 강의 상류에 세워진 한나라의 모습**을 보고 만들었습니다.]

한이라고 읽으며 한나라, 한수 등의 뜻이 있습니다.

예문 나는 매일 한자 공부를 한다.

= 나는 매일 중국에서 만들어진 글자를 공부한다.

＊ 한수 : 중국의 강 이름

📖 교과어휘

① **한자**(漢 字) 중국에서 만들어진 글자 사회 3-1
　　한나라 한 글자 자

② **한문**(漢 文) 한자로 쓴 글 국어 4-1(나)
　　한나라 한 글월 문

③ **한과**(漢 菓) 밀가루를 꿀이나 설탕과 반죽해 만든 과자 국어 3-1(가)
　　한나라 한 과자 과

④ **한강**(漢 江) 서울 가운데를 가로지르는 강 사회 3-1
　　한나라 한 강 강

⑤ **한양**(漢 陽) 서울의 옛 이름 사회 3-1
　　한나라 한 볕 양

---

1 다음 한자의 뜻(훈)과 소리(음)를 써 보세요.

漢   뜻(훈): ＿＿＿＿＿＿＿＿＿　　소리(음): ＿＿＿＿＿＿＿＿＿

2 다음 단어와 뜻을 알맞게 선으로 이어 보세요.

① 漢文 ·
　　글월 문

② 漢陽 ·
　　볕 양

③ 漢字 ·
　　글자 자

④ 漢菓 ·
　　과자 과

· 서울의 옛 이름

· 밀가루를 꿀, 설탕과 반죽해 만든 과자

· 한자로 쓴 글

· 중국에서 만들어진 글자

3 다음 **한나라 한** 한자를 순서대로 써 보세요.

漢 漢 漢 漢 漢 漢 漢 漢
漢 漢 漢 漢 漢 漢

부수 氵(삼수변, 3획) 획수 총 14획

1 漢	2 漢	3 漢	4 漢	5 漢	6 漢	7 漢
한나라 한	한나라 한					
8 漢	9 漢	10 漢	11 漢	12 漢	13 漢	14 漢
15 漢	16 漢	17	18	19	20	21

4 다음 내용이 설명하는 단어를 골라 보세요. ⋯⋯⋯⋯⋯⋯⋯⋯⋯⋯⋯⋯⋯⋯⋯⋯⋯⋯ [　　　　]

> 나는 서울 가운데를 가로질러 흐르는 강이야. 나를 따라 공원도 많이 만들어져 있어. 사람들은 여기에 와서 산책을 하거나 자전거를 타기도 하고, 유람선이나 오리배를 타기도 해.

① 금강(錦江)　　　　② 동강(東江)　　　　③ 한강(漢江)
　　비단 금

5 다음 문장 중 밑줄 친 부분이 뜻하는 단어를 골라 보세요. ⋯⋯⋯⋯⋯⋯⋯⋯⋯⋯⋯ [　　　　]

> 한글이 있기 전에는 우리나라만의 글자가 없어서 **중국에서 만들어진 글자**를 빌려와서 사용했습니다. 그래서 지금도 우리나라 말에는 중국 글자로 만들어진 단어가 많이 있습니다.

① 한자(漢字)　　　　② 한과(漢菓)　　　　③ 한양(漢陽)
　글자 자　　　　　　　　과자 과　　　　　　　　별 양

🕐 끝난 시간 [　]시 [　]분　1회 분 푸는 데 걸린 시간 [　]분　⭐ 5문제 중 [　]개　3번은 정확히 다 써야 정답입니다.　스스로 붙임딱지

● 밑줄 친 글자의 한자를 찾아 번호를 써 보세요.

황희 정승과 소 이야기

어느 농부가 황소와 검정 소를 데리고 **농사**를 짓고 있었습니다.
[2]

그 모습을 본 황희가 농부에게 어떤 소가 일을 더 잘하는지 물었습니다.

그러자 농부는 밭에서부터 달려와서 귓속말로 황소라고 대답했습니다.

황희는 어리둥절해서 농부에게 물었습니다.

"그냥 밭에서 **말씀**하시면 되지,
왜 굳이 여기까지 오십니까?"

그러자 농부가 **대답**했습니다.

"두 마리 다 열심히 **움직**이고 있는데 어느 한 소만 더 잘한다고 하면 그 말을 들은 다른 소는 기분이 나쁘지 않겠습니까?

아무리 동물이라도 말은 함부로 하는 것이 아닙니다. 동물도 우리 인간과 마찬가지로 마음이 있고 생각이 있습니다."

이 말을 들은 황희는 큰 깨우침을 얻고 훗날 훌륭한 정승이 되었습니다.

*정승: 조선 시대의 높은 벼슬

보기 　　① 動　② 農 _{농사 농}　③ 話　④ 答

1주차 정답

01회
본문 08쪽

1 뜻(훈): __윗__ 소리(음): __상__
2 ① 水上 ╳ 땅 위
   ② 屋上 ╳ 지붕 위
   ③ 地上 ╳ 산꼭대기
   ④ 頂上 ╳ 물 위
4 ①, ③ (② 百 일백 백, ④ 土 흙 토)
5 ②

02회
본문 10쪽

1 뜻(훈): __아래__ 소리(음): __하__
2 ① 天下 ╳ 쓰고 버리는 더러운 물
   ② 下校 ╳ 기준보다 적거나 낮음
   ③ 下水 ╳ 하늘 아래 온 세상
   ④ 以下 ╳ 학교에서 집으로 돌아옴
4 ② (地 땅 지)
5 ①

03회
본문 12쪽

1 뜻(훈): __왼쪽__ 소리(음): __좌__
2 ① 左向左 ╳ 왼쪽으로 돌아서라는 것
   ② 左側 ╳ 위, 아래, 왼쪽, 오른쪽
   ③ 上下左右 ╳ 이리저리 마구 부딪침
   ④ 左衝右突 ╳ 왼쪽
4 ①, ③ (② 右 오른쪽 우, ④ 禾 벼 화)
5 ③

04회
본문 14쪽

1 뜻(훈): __오른쪽__ 소리(음): __우__
2 ① 左右 ╳ 왼쪽과 오른쪽이 같은 모양인 것
   ② 左右對稱 ╳ 어쩔 줄 몰라 왔다 갔다 하는 모양
   ③ 右回轉 ╳ 왼쪽과 오른쪽
   ④ 右往左往 ╳ 오른쪽 방향으로 도는 것
4 ① (在 있을 재)
5 ③

05회
본문 16쪽

1 뜻(훈): __안__ 소리(음): __내__
2 ① 校內 ╳ 소개하여 알려줌
   ② 市內 ╳ 학교 안
   ③ 內面 ╳ 사람의 마음
   ④ 案內 ╳ 도시의 중심가
4 ②, ⑤ (① 入 들 입, ③ 大 큰 대, ④ 中 가운데 중)
5 ① 기내 (② 가을, ③ 港 항구 항 口 입 구)

복습해보기
본문 18쪽

1주차 복습해보기 한 주 동안 익혔던 한자들을 한 번 더 공부해 볼까요?

● 그림을 보고 빈칸에 알맞은 한자를 써 보세요.

보기 上 / 下 / 左 / 右 / 內

1 쿠션은 소파의 [上] 에 놓여있어요.

2 텔레비전의 [左] 에는 스피커가 있어요.

3 텔레비전의 [右] 에는 장식장이 있어요.

4 가족사진 [下] 에는 풍경 사진이 걸려있어요.

1 上
2 左
3 右
4 下

2주차 정답

06회
본문 20쪽

1 뜻(훈): 힘   소리(음): 력

2 ① 能力 ——— 새로운 생각을 해내는 힘
　 ② 創意力 ——— 맡아 해낼 수 있는 힘
　 ③ 力量 ——— 어떤 일에 대한 재능
　 ④ 實力 ——— 실제로 해낼 수 있는 능력

4 [1] 集中力(집중력), [2] 實力(실력)

5 ①

07회
본문 22쪽

1 뜻(훈): 스스로   소리(음): 자

2 ① 自身 ——— 마음대로 할 수 있는 상태
　 ② 自轉車 ——— 자신의 가치를 믿고 당당히 여기는 마음
　 ③ 自負心 ——— 바퀴를 굴려서 움직이는 탈것
　 ④ 自由 ——— 바로 그 사람

4 ② (手 손 수, 動 움직일 동, 能 능할 능)

5 ②

08회
본문 24쪽

1 뜻(훈): 설   소리(음): 립

2 ① 設立 ——— 어떤 것에 대한 생각. 또는 처한 상황
　 ② 立場 ——— 시설, 기관을 세움
　 ③ 中立 ——— 파인 땅을 채움
　 ④ 埋立 ——— 어느 편도 아님

4 ②, ④ (① 設 베풀 설 立 설 립, ③ 百 일백 백)

5 ①

09회
본문 26쪽

1 뜻(훈): 손   소리(음): 수

2 ① 手巾 ——— 조심하지 않아 잘못함
　 ② 洗手 ——— 얼굴이나 손, 몸을 닦는 천
　 ③ 手帖 ——— 작은 공책
　 ④ 失手 ——— 얼굴을 씻음

4 ②

5 ② 수족관 (水 물 수 族 겨레 족 館 집 관) (① 수건, ③ 악수)

10회
본문 28쪽

1 뜻(훈): 발   소리(음): 족

2 ① 力不足 ——— 손과 발
　 ② 手足 ——— 힘이 모자람
　 ③ 豊足 ——— 일정한 분량을 채워 모자람이 없음
　 ④ 充足 ——— 모자라지 않고 넉넉함

4 ②, ③, ⑤ (① 夕 저녁 석, ④ 毛 터럭 모)

5 ③

복습해보기
본문 30쪽

2주차 복습해보기 한 주 동안 익혔던 한자들을 한 번 더 공부해 볼까요?

● 밑줄 친 글자의 한자를 찾아 번호를 써 보세요.

自 手 成 家
스스로 자　손 수　이룰 성　집 가

자수성가
자기 손으로 집을 이룬다는 뜻으로, 물려받은 재산 없이 자신이 스스로 노력해서 집안을 일으킬 정도로 큰일을 해낸다는 의미입니다.

우리나라에서 가장 유명한 상인은 제주도의 거상 김만덕입니다.

어린 나이에 어머니와 **아버지**를 여읜 만덕은 가난한 어린 시절을 ③ 보냈습니다.

하지만 어린 만덕은 굴하지 않고 '꼭 성공해서 자수성가하리라.'하고 다짐했습니다. ②

만덕은 성인이 된 후부터 직접 **발**로 뛰며 상업 활동을 시작해나갔습니다.

만덕이 살던 제주에는 해산물이 많았지만 곡식이 부족했습니다.

반대로 육지에는 곡식이 많았지만 해산물이 부족했습니다.

그래서 만덕은 제주의 해산물과 육지의 곡식을 서로 사고팔았고, ① 큰돈을 벌었습니다. ④

어느 해에 큰 흉년이 들자 만덕은 자신의 **힘**이 닿는 데까지 백성들을 돕겠다며 자신이 가지고 있던 곡식 500섬을 사람들에게 나누어주기도 했습니다.

당시 임금이었던 정조는 이 이야기를 듣고 만덕을 궁으로 초대하였는데, 이것을 보면 만덕이 얼마나 대단한 사람이었는지 알 수 있습니다.

(아버지 父)

보기　① 年　② 足　③ 父　④ 力

1　③
2　②
3　①
4　④

11회 본문 32쪽

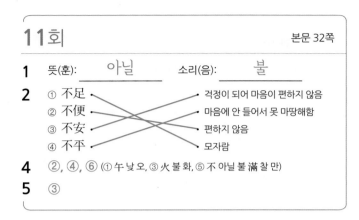

1 뜻(훈): 아닐 　 소리(음): 불

2 ① 不足 — 모자람
② 不便 — 편하지 않음
③ 不安 — 걱정이 되어 마음이 편하지 않음
④ 不平 — 마음에 안 들어서 못 마땅해함

4 ②, ④, ⑥ (①午 낮 오, ③火 불 화, ⑤不 아닐 불 滿 찰 만)

5 ③

15회 본문 40쪽

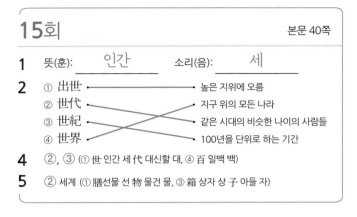

1 뜻(훈): 인간 　 소리(음): 세

2 ① 出世 — 높은 지위에 오름
② 世代 — 같은 시대의 비슷한 나이의 사람들
③ 世紀 — 100년을 단위로 하는 기간
④ 世界 — 지구 위의 모든 나라

4 ②, ③ (①世 인간 세 代 대신할 대, ④百 일백 백)

5 ② 세계 (①膳 선물 선 物 물건 물, ③箱 상자 상 子 아들 자)

12회 본문 34쪽

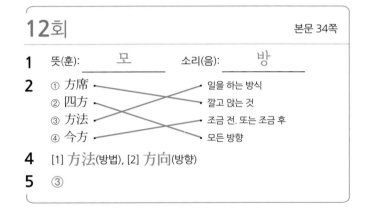

1 뜻(훈): 모 　 소리(음): 방

2 ① 方席 — 깔고 앉는 것
② 四方 — 모든 방향
③ 方法 — 일을 하는 방식
④ 今方 — 조금 전. 또는 조금 후

4 [1] 方法(방법), [2] 方向(방향)

5 ③

복습해보기 본문 42쪽

3주차 복습해보기 한 주 동안 익혔던 한자들을 한 번 더 공부해 볼까요?

● 설명에 맞는 한자어를 빈칸에 한글로 써 보세요.

가로
② 直接的
이을 접 과녁 적
무언가를 통하지 않고 바로 연결되는

③ 世宗大王
마루 종
한글을 만든 조선시대 왕

세로
① 不織布
짤 직 베 포
직접 짜지 않고 접착제 등을 사용해서 만든 천

③ 世界的
지경 계 과녁 적
전 세계에 영향을 미치거나 전 세계에서 유명할 정도로 뛰어난

④ 相對方
서로 상 대할 대
대화할 때의 반대편 사람. 또는 대결할 때의 반대편 사람

13회 본문 36쪽

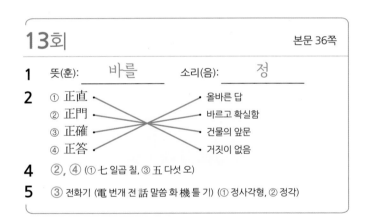

1 뜻(훈): 바를 　 소리(음): 정

2 ① 正直 — 거짓이 없음
② 正門 — 건물의 앞문
③ 正確 — 바르고 확실함
④ 正答 — 올바른 답

4 ②, ④ (①七 일곱 칠, ③五 다섯 오)

5 ③ 전화기 (電 번개 전 話 말씀 화 機 틀 기) (①정사각형, ②정각)

14회 본문 38쪽

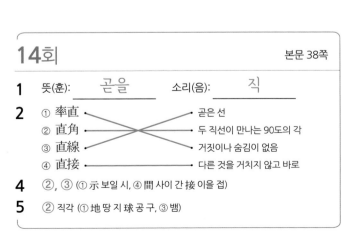

1 뜻(훈): 곧을 　 소리(음): 직

2 ① 率直 — 거짓이나 숨김이 없음
② 直角 — 두 직선이 만나는 90도의 각
③ 直線 — 곧은 선
④ 直接 — 다른 것을 거치지 않고 바로

4 ②, ③ (①示 보일 시, ④間 사이 간 接 이을 접)

5 ② 직각 (①地 땅 지 球 공 구, ③뱀)

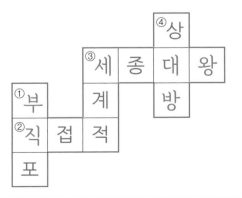

4주차 정답

16회 본문 44쪽

1 뜻(훈): 낮   소리(음): 오

2
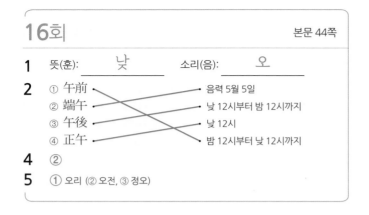
① 午前 ── 낮 12시
② 端午 ── 음력 5월 5일
③ 午後 ── 낮 12시부터 밤 12시까지
④ 正午 ── 밤 12시부터 낮 12시까지

4 ②

5 ① 오리 (② 오전, ③ 정오)

17회 본문 46쪽

1 뜻(훈): 앞   소리(음): 전

2
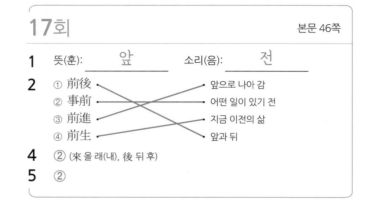
① 前後 ── 앞으로 나아 감
② 事前 ── 어떤 일이 있기 전
③ 前進 ── 지금 이전의 삶
④ 前生 ── 앞과 뒤

4 ② (來 올 래(내), 後 뒤 후)

5 ②

18회 본문 48쪽

1 뜻(훈): 뒤   소리(음): 후

2
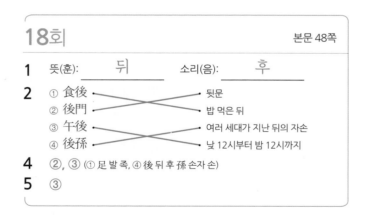
① 食後 ── 뒷문
② 後門 ── 밥 먹은 뒤
③ 午後 ── 여러 세대가 지난 뒤의 자손
④ 後孫 ── 낮 12시부터 밤 12시까지

4 ②, ③ (① 足 발 족, ④ 後 뒤 후 孫 손자 손)

5 ③

19회 본문 50쪽

1 뜻(훈): 매양   소리(음): 매

2
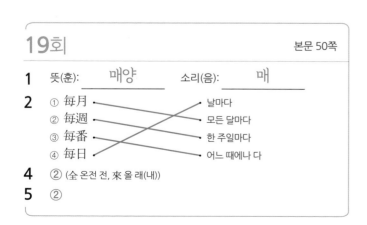
① 每月 ── 날마다
② 每週 ── 모든 달마다
③ 每番 ── 한 주일마다
④ 每日 ── 어느 때에나 다

4 ② (全 온전 전, 來 올 래(내))

5 ②

20회 본문 52쪽

1 뜻(훈): 때   소리(음): 시

2
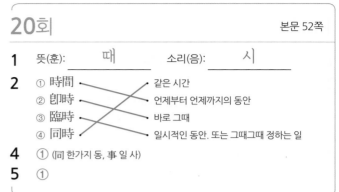
① 時間 ── 같은 시간
② 卽時 ── 언제부터 언제까지의 동안
③ 臨時 ── 바로 그때
④ 同時 ── 일시적인 동안. 또는 그때그때 정하는 일

4 ① (同 한가지 동, 事 일 사)

5 ①

복습해보기 본문 54쪽

1 ②

2 ④

3 ①

4 ③

21회
본문 56쪽

1 뜻(훈): 평평할   소리(음): 평

2 ① 平凡 —— 마음에 들지 않아 못 마땅해함
② 不平 —— 평평한 땅
③ 平生 —— 특별함 없이 보통임
④ 平地 —— 태어나서 죽을 때까지 살아 있는 동안

4 ②, ③, ⑤ (① 干 방패 간, ④ 力 힘 력, ⑥ 學 배울 학 園 동산 원)

5 ② 평평하다 (① 登 오를 등 攀 더위잡을 반, ③ 고래)

22회
본문 58쪽

1 뜻(훈): 편안   소리(음): 안

2 ① 安心 —— 걱정이나 아무 탈이 없이 편함
② 安寧 —— 위험하지 않음
③ 安全 —— 몸과 마음이 편하고 좋음
④ 便安 —— 걱정 없이 마음을 편히 가짐

4 ② (未 아닐 미, 來 올 래, 完 완전할 완)

5 ②

23회
본문 60쪽

1 뜻(훈): 온전   소리(음): 전

2 ① 全校 —— 하나도 빠짐없이 모두
② 全部 —— 흠이 없음
③ 全體 —— 학교 전체
④ 完全 —— 온몸. 또는 모든 부분

4 ③ (登 오를 등)

5 ①

24회
본문 62쪽

1 뜻(훈): 빌   소리(음): 공

2 ① 空港 —— 비어있는 곳
② 空氣 —— 지구를 둘러싸고 있는 기체
③ 空間 —— 텅 비어서 아무것도 없음
④ 空白 —— 비행기가 사람을 태우는 곳

4 ① (册 책 책, 書 글 서, 方 모 방)

5 ③

25회
본문 64쪽

1 뜻(훈): 사이   소리(음): 간

2 ① 瞬間 —— 아무것도 없는 빈 곳
② 期間 —— 사람
③ 空間 —— 언제부터 언제까지의 동안
④ 人間 —— 매우 짧은 동안

4 ① (心 마음 심)

5 ①

복습해보기
본문 66쪽

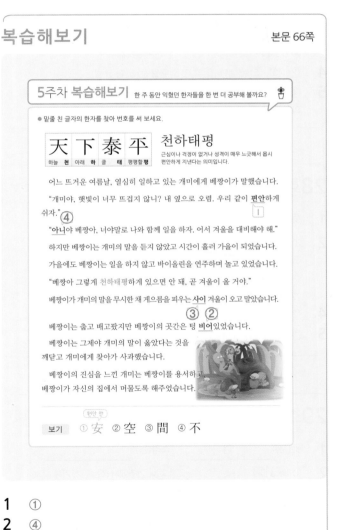

5주차 복습해보기 — 한 주 동안 익혔던 한자들을 한 번 더 공부해 볼까요?

● 밑줄 친 글자의 한자를 찾아 번호를 써 보세요.

天 下 泰 平 천하태평
하늘 천 아래 하 클 태 평평할 평

근심이나 걱정이 없거나 성격이 매우 느긋해서 몹시 편안하게 지낸다는 의미입니다.

어느 뜨거운 여름날, 열심히 일하고 있는 개미에게 베짱이가 말했습니다.

"개미야, 햇빛이 너무 뜨겁지 않니? 내 옆으로 오렴. 우리 같이 **편안**하게 쉬자." ④

"**아니**야 베짱아, 너야말로 나와 함께 일을 하자. 어서 겨울을 대비해야 해."

하지만 베짱이는 개미의 말을 듣지 않았고 시간이 흘러 가을이 되었습니다.

가을에도 베짱이는 일을 하지 않고 바이올린을 연주하며 놀고 있었습니다.

"베짱아 그렇게 **천하태평**하게 있으면 안 돼, 곧 겨울이 올 거야."

베짱이가 개미의 말을 무시한 채 게으름을 피우는 **사이** 겨울이 오고 말았습니다. ③ ②

베짱이는 춥고 배고팠지만 베짱이의 곳간은 텅 **비어**있었습니다.

베짱이는 그제야 개미의 말이 옳았다는 것을 깨닫고 개미에게 찾아가 사과했습니다.

베짱이의 진심을 느낀 개미는 베짱이를 용서하고 베짱이가 자신의 집에서 머물도록 해주었습니다.

보기 ①安 (편안 안) ②空 ③間 ④不

1 ①
2 ④
3 ③
4 ②

6주차 정답

26회
본문 68쪽

1 뜻(훈): 아들　소리(음): 자

2
① 孫子 ——— 자식의 아들
② 椅子 ——— 사람이 앉는 기구
③ 弟子 ——— 스승에게 가르침을 받는 사람
④ 額子 ——— 사진을 끼우는 틀

4 ②

5 ① 줄자 (② 모자, ③ 의자)

27회
본문 70쪽

1 뜻(훈): 사내　소리(음): 남

2
① 男女 ——— 첫째 아들
② 長男 ——— 남자와 여자
③ 男妹 ——— 남성인 사람
④ 男子 ——— 남녀 형제

4 ②, ③, ⑤ (① 里 마을 리, ④ 文 글월 문, ⑥ 日 날 일)

5 ① 남자 (② 百 일백 백 科 과목 과 事 일 사 典 법 전, ③ 便 편할 편 宜 마땅의 店 가게 점)

28회
본문 72쪽

1 뜻(훈): 효도　소리(음): 효

2
① 孝子 ——— 효도하는 마음
② 孝心 ——— 부모를 잘 모시는 아들
③ 不孝 ——— 부모를 잘 모시는 딸
④ 孝女 ——— 부모를 잘 모시지 못함

4 ③

5 ③ 효자 (① 白 흰 백 旗 기 기, ② 親 친할 친 舊 예 구)

29회
본문 74쪽

1 뜻(훈): 집　소리(음): 가

2
① 家計簿 ——— 가정에서 쓰는 전기 기계
② 建築家 ——— 가정의 수입, 지출을 적는 장부
③ 家寶 ——— 건물을 세우고 설계하는 사람
④ 家電製品 ——— 대대로 전해 내려오는 집안의 보물

4 [1] 家族(가족), [2] 家具(가구)

5 ① 가족 (② 歌 노래 가 手 손 수, ③ 假 거짓 가 面 낯 면)

30회
본문 76쪽

1 뜻(훈): 장인　소리(음): 공

2
① 木工 ——— 나무로 물건을 만드는 사람
② 沙工 ——— 기계로 물건을 만드는 곳
③ 工事 ——— 건물을 짓거나 고치는 것
④ 工場 ——— 배에서 노를 젓는 사람

4 ①, ③ (② 目 눈 목, ④ 工 장인 공 事 일 사)

5 ①

복습해보기
본문 78쪽

6주차 복습해보기　한 주 동안 익혔던 한자들을 한 번 더 공부해 볼까요?

● 다음 한자의 뜻에 알맞은 그림을 골라 보세요.

1 子　✔①　②
2 男　✔①　②
3 孝　①　✔②
4 家　①　✔②
5 工　①　✔②

1 ①
2 ①
3 ①
4 ②
5 ②

7주차 정답

31회
본문 80쪽

1 뜻(훈): 수레   소리(음): 차

2
① 馬車 ┐   ┌ 차를 세워둠
② 下車 │   │ 차가 다니는 길
③ 車道 │   │ 차에서 내림
④ 駐車 ┘   └ 말이 끄는 수레

4 ③

5 ② 바닷속 (① 차도, ③ 기차역)

32회
본문 82쪽

1 뜻(훈): 기록할   소리(음): 기

2
① 記者 ┐   ┌ 지난 일을 잊지 않고 갖고 있는 것
② 記憶 │   │ 외워서 기억함
③ 暗記 │   │ 매일 있었던 일을 적는 글
④ 日記 ┘   └ 기사를 쓰는 사람

4 [1] 記事(기사), [2] 記者(기자)

5 ②

33회
본문 84쪽

1 뜻(훈): 저자   소리(음): 시

2
① 都市 ┐   ┌ 도시의 중심가
② 市內 │   │ 사람이 많은 큰 지역
③ 市外 │   │ 물건을 사고파는 곳
④ 市場 ┘   └ 도시의 밖

4 ② (住 살 주, 道 길 도)

5 ③

34회
본문 86쪽

1 뜻(훈): 마당   소리(음): 장

2
① 場所 ┐   ┌ 기계로 물건을 만드는 곳
② 工場 │   │ 거리의 사람들이 모이는 넓은 공간
③ 場面 │   │ 어떤 일이 일어나는 곳
④ 廣場 ┘   └ 어떤 곳에서 일이 벌어지는 모습

4 ① (入 들 입)

5 ② 장난감 (① 시장, ③ 공장)

35회
본문 88쪽

1 뜻(훈): 밥   소리(음): 식

2
① 飮食 ┐   ┌ 밥 먹는 일
② 食事 │   │ 밖에서 음식을 사 먹음
③ 給食 │   │ 사람이 먹고 마시는 것
④ 外食 ┘   └ 학교에서 주는 밥

4 ②

5 ① 대화 (對 대할 대 話 말씀 화) (② 식사, ③ 음식)

복습해보기
본문 90쪽

7주차 복습해보기 한 주 동안 익혔던 한자들을 한 번 더 공부해 볼까요?

● 설명에 맞는 한자어를 빈칸에 한글로 써 보세요.

①도			⑤기	록
②시	력	③검	사	
		도		
④주	차	장		

가로

② 視 力 檢 查
   볼 시 / 힘 력 / 검사할 검 / 조사할 사
   시력을 알기 위해 하는 검사

④ 駐 車 場
   머무를 주 / 수레 차 / 마당 장
   차를 세워둘 수 있는 공간

⑤ 記 錄
   기록할 기 / 기록할 록
   어떤 사실을 저장하기 위해 적음

세로

① 都 市 [도시]
   도읍 도 / 저자 시
   사람들이 많이 살고 건물, 기관 등이 많은 곳

③ 劍 道 場
   칼 검 / 길 도 / 마당 장
   검도를 배우는 곳

⑤ 記 事
   기록할 기 / 일 사
   신문 등에서 사실을 알리는 글

①도			⑤기	록
②시	력	③검	사	
		도		
④주	차	장		

8주차 정답

36회
본문 92쪽

1 뜻(훈): 일　　소리(음): 사
2 ① 事實 —— 실제로 있었던 일
　① 無事 —— 아무 문제 없이 편안함
　③ 事前 —— 어떤 일이 있기 전
　④ 食事 —— 밥 먹는 일
4 ① (口 입 구)
5 ③

37회
본문 94쪽

1 뜻(훈): 성씨　　소리(음): 성
2 ① 同姓 —— 같은 성씨
　② 百姓 —— 국민
　③ 姓銜 —— 모르는 사람과 서로 성명을 알려 주는 것
　④ 通姓名 —— 성명을 높여 부르는 말
4 ②, ③, ⑤ (① 文 글월 문, ④ 好 좋을 호, ⑥ 全 온전 전)
5 ③

38회
본문 96쪽

1 뜻(훈): 이름　　소리(음): 명
2 ① 署名 —— 자신의 이름을 써 넣음
　② 有名 —— 설, 추석
　③ 匿名 —— 이름이 널리 알려져 있음
　④ 名節 —— 이름을 숨김
4 [1] 有名(유명), [2] 名節(명절)
5 ②

39회
본문 98쪽

1 뜻(훈): 물건　　소리(음): 물
2 ① 事物 —— 사람이 만든 집
　② 萬物 —— 미리 준비해놓는 물건
　③ 建物 —— 존재하는 것
　④ 準備物 —— 세상에 있는 모든 것
4 ②
5 ① 물고기 (② 건물, ③ 선물)

40회
본문 100쪽

1 뜻(훈): 길　　소리(음): 도
2 ① 人道 —— 건물 안의 긴 통로
　② 複道 —— 우리나라 전통 무예
　③ 車道 —— 사람이 다니는 길
　④ 跆拳道 —— 차가 다니는 길
4 ②
5 ③ 도둑 (① 복도, ② 차도)

복습해보기
본문 102쪽

8주차 복습해보기　한 주 동안 익혔던 한자들을 한 번 더 공부해 볼까요?

● 밑줄 친 글자의 한자를 찾아 번호를 써 보세요.

우체국에서는 편지와 택배를 보내주는 **일**을 합니다.

택배를 보내려면 우선, **물건**이 배달 중에 깨지지 않도록 상자에 잘 넣습니다.

그런 다음 상자 위에 보내는 사람과 받는 사람의 **이름**과 주소, 연락처를 적습니다. 마지막으로 택배를 접수하고 배송 요금을 냅니다.

그럼, 택배 보내기 완료입니다!

보기　① 事　② 姓　③ 名　④ 物　⑤ 道

1 ①
2 ④
3 ③

41회 본문 104쪽

1 뜻(훈): 강   소리(음): 강

2 ① 江村 —— 강가에 있는 마을
   ② 漢江 —— 서울을 가로지르는 강
   ③ 江山 —— 강과 산
   ④ 江原道 —— 서울 동쪽에 있는 도

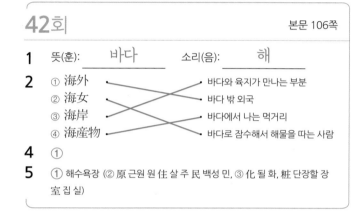

4 ②, ⑤ (① 一 한 일, ③ 百 일백 백, ④ 川 내 천, ⑥ 工 장인 공)

5 ① 강 (② 강아지, ③ 農 농사 농 器 그릇 기 具 갖출 구)

42회 본문 106쪽

1 뜻(훈): 바다   소리(음): 해

2 ① 海外 —— 바다 밖 외국
   ② 海女 —— 바다로 잠수해서 해물을 따는 사람
   ③ 海岸 —— 바다와 육지가 만나는 부분
   ④ 海産物 —— 바다에서 나는 먹거리

4 ①

5 ① 해수욕장 (② 原 근원 원 住 살 주 民 백성 민, ③ 化 될 화, 粧 단장할 장 室 집 실)

43회 본문 108쪽

1 뜻(훈): 번개   소리(음): 전

2 ① 電氣 —— 전자의 움직임으로 생기는 에너지
   ② 電球 —— 전기로 빛을 내는 기구
   ③ 家電 —— 가정에서 쓰는 전기 제품
   ④ 充電 —— 전지에 전기를 모으는 것

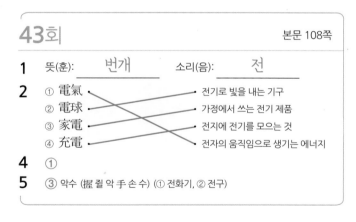

4 ①

5 ③ 악수 (握 쥘 악 手 손 수) (① 전화기, ② 전구)

44회 본문 110쪽

1 뜻(훈): 기운   소리(음): 기

2 ① 煙氣 —— 물건이 불에 탈 때 생기는 기체
   ② 氣分 —— 감정을 나타내는 것
   ③ 勇氣 —— 씩씩하고 굳셈
   ④ 人氣 —— 사람들의 관심

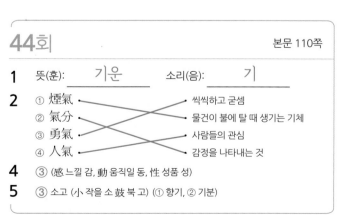

4 ③ (感 느낄 감, 動 움직일 동, 性 성품 성)

5 ③ 소고 (小 작을 소 鼓 북 고) (① 향기, ② 기분)

45회 본문 112쪽

1 뜻(훈): 살   소리(음): 활

2 ① 生活 —— 어떤 일에서 뛰어나게 활동함
   ② 活用 —— 이리저리 잘 이용함
   ③ 活動 —— 몸을 움직여 행동함
   ④ 活躍 —— 사람, 동물이 움직이며 살아감

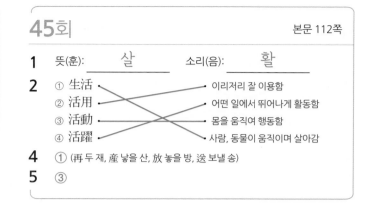

4 ① (再 두 재, 産 낳을 산, 放 놓을 방, 送 보낼 송)

5 ③

복습해보기 본문 114쪽

9주차 복습해보기 한 주 동안 익혔던 한자들을 한 번 더 공부해 볼까요?

● 그림을 보고 밑줄 친 글자의 한자를 찾아 번호를 써 보세요.

우리가 **살**고 있는 지구의 70%는 **바다**로 이루어져 있습니다.
⑤   ②
우리 주변의 크고 작은 **강**들을 따라 가다보면 그 끝에는 바다가 나옵니다.
①   ④
바닷물은 뜨거운 햇빛을 받으면 수증**기**가 되어 하늘로 올라갑니다.

하늘에서 구름으로 뭉친 수증기들은 비가 되어 다시 땅과 바다로 내립니다.

*수증기: 물이 연기처럼 기체 상태로 있는 것

보기   ① 江 ② 海 ③ 電 ④ 氣 ⑤ 活

1 ⑤
2 ②
3 ①
4 ④

10주차 정답

46회
본문 116쪽

1 뜻(훈): <u>말씀</u>   소리(음): <u>화</u>
2 ① 電話 ─── 마주하여 이야기를 주고받음
  ② 對話 ─── 어린이를 위한 이야기
  ③ 童話 ─── 전화기로 말을 주고받는 것
  ④ 神話 ─── 신이 중심인 옛 이야기
4 ②
5 ③ 식물 (植 심을 식 物 물건 물) (① 전화, ② 대화)

50회
본문 124쪽

1 뜻(훈): <u>한나라</u>   소리(음): <u>한</u>
2 ① 漢文 ─── 서울의 옛 이름
  ② 漢陽 ─── 밀가루를 꿀, 설탕과 반죽해 만든 과자
  ③ 漢字 ─── 한자로 쓴 글
  ④ 漢菓 ─── 중국에서 만들어진 글자
4 ③
5 ①

47회
본문 118쪽

1 뜻(훈): <u>대답</u>   소리(음): <u>답</u>
2 ① 應答 ─── 은혜를 갚음
  ② 對答 ─── 받은 질문이나 부름에 응하여 답함
  ③ 報答 ─── 받은 편지에 답하는 편지
  ④ 答狀 ─── 묻거나 부르는 말에 대해 말함
4 [1] 對答(대답), [2] 正答(정답)
5 ②

복습해보기
본문 126쪽

10주차 복습해보기 한 주 동안 익혔던 한자들을 한 번 더 공부해 볼까요?

● 밑줄 친 글자의 한자를 찾아 번호를 써 보세요.

황희 정승과 소 이야기

어느 농부가 황소와 검정 소를 데리고 **농사**를 짓고 있었습니다.
②

그 모습을 본 황희가 농부에게 어떤 소가 일을 더 잘하는지 물었습니다.

그러자 농부는 밭에서부터 달려와서 귓속말로 황소라고 대답했습니다.

황희는 어리둥절해서 농부에게 물었습니다.
③

"그냥 밭에서 **말씀**하시면 되지,
왜 굳이 여기까지 오십니까?"

그러자 농부가 **대답**했습니다.
④ ①

"두 마리 다 열심히 **움직**이고 있는데 어느 한 소만 더 잘한다고 하면 그 말을 들은 다른 소는 기분이 나쁘지 않겠습니까?

아무리 동물이라도 말은 함부로 하는 것이 아닙니다. 동물도 우리 인간과 마찬가지로 마음이 있고 생각이 있습니다."

이 말을 들은 황희는 큰 깨우침을 얻고 훗날 훌륭한 정승이 되었습니다.

*정승: 조선 시대의 높은 벼슬

보기 ① 動 ② 農 ③ 話 ④ 答

1 ②
2 ③
3 ④
4 ①

48회
본문 120쪽

1 뜻(훈): <u>움직일</u>   소리(음): <u>동</u>
2 ① 自動 ─── 몸을 움직여 일을 함
  ② 動作 ─── 움직이는 모습을 찍어 보여주는 것
  ③ 勞動 ─── 스스로 움직임
  ④ 動映像 ─── 몸이나 손발을 움직임
4 [1] 自動(자동), [2] 動物(동물)
5 ③ 운동 (① 册 책 책 床 평상 상, ② 帽 모자 모 子 아들 자)

49회
본문 122쪽

1 뜻(훈): <u>농사</u>   소리(음): <u>농</u>
2 ① 農事 ─── 논밭에서 가꾸는 곡식, 채소
  ② 農夫 ─── 논밭에 곡식이나 채소 등을 심고 거두는 일
  ③ 農器具 ─── 농사를 짓는 사람
  ④ 農作物 ─── 농사를 짓는 데 사용되는 도구
4 ① (廣 넓을 광)
5 ① 기차역 (汽 물 끓는 김 기 車 수레 차 驛 역 역) (② 농부, ③ 농장)